現代語訳　理趣経

正木 晃

角川文庫
21531

目次

まえがき……10
理趣経　全文……13
理趣経とは……35
正式な名称……36
成立について……38
さまざまな訳本……40
般若経典から生まれた理趣経……41
空を説く般若経典……43
空とは「からっぽ」……44
空はエネルギーに満ちている……47

空と快楽 48
漢音で読む『理趣経』 52
毎日、朝に夕に読誦される理由 55
不空三蔵 58
『理趣経』と不空 63
『理趣経』をめぐる空海と最澄の葛藤 65

理趣経 現代語訳

理趣経 現代語訳 69
序 説 71
初 段 74
第二段 80
第三段 83
第四段 87
第五段 90
第六段 92
第七段 96

第八段……99
第九段……102
第十段……105
第十一段……108
第十二段……111
第十三段……114
第十四段……116
第十五段……117
第十六段……119
第十七段……122
百字の偈……125
讃嘆と流通分……129
理趣経の構成……133
密教に独特の解釈……134
序分・正宗分・流通分……139

付加句—勧請句／啓請句・合殺・廻向文……140
序分……143
信……143
一時……144
教主……144
説所……148
聞き手……150
真言と変身……152
初段……153
性と密教……156
第二段……160
第三段……161
第四段……165
第五段……166
第六段……168
第七段……168

第八段……170
第九段……171
第十段……172
第十一段……174
第十二段……176
第十三段……177
第十四段……178
第十五段……179
第十六段……180
第十七段……181
百字の偈……183
讃嘆・流通分……184
理趣経の曼荼羅……187
密教と曼荼羅……188
序説の曼荼羅……192

初段の曼荼羅……196
第二段の曼荼羅……202
第三段の曼荼羅……205
第四段の曼荼羅……210
第五段の曼荼羅……214
第六段の曼荼羅……217
第七段の曼荼羅……221
第八段の曼荼羅……225
第九段の曼荼羅……229
第十段の曼荼羅……231
第十一段の曼荼羅……235
第十二段の曼荼羅……238
第十三段の曼荼羅……240
第十四段の曼荼羅……244
第十五段の曼荼羅……247
第十六段の曼荼羅……251

第十七段の曼荼羅……254
主な参考文献……259

まえがき

弘法大師空海《こうぼうだいしくうかい》を宗祖《しゅうそ》とあおぐ真言密教《しんごんみっきょう》にあって、毎日、朝に夕にかならず読誦《どくじゅ》される大切な大切な聖典。それが『理趣経《りしゅきょう》』です。

『理趣経』が読誦される理由は、まず第一に読誦することに無上の功徳《くどく》があるからです。そう、『理趣経』自身が説いています。

第二の理由もあります。真言密教は『大日経《だいにちきょう》』と『金剛頂経《こんごうちょうきょう》』を二大聖典としてあがめます。ところが、この二つの聖典は修行のための教えなので、読誦の功徳は説きません。そこで、『理趣経』が読誦されてきたのです。

しかし、空海と最澄《さいちょう》の仲違《なかたが》いを決定づけた事実からわかるように、『理趣経』は古来、大問題の経典でもありました。なぜなら、「妙適清浄《びょうてきせいせい》」という文言をつかって、性の快楽をも、仏菩薩《ぶつぼさつ》の清らかな境地として認めるからです。

もちろん、まったく無条件で認めているわけではありません。仏菩薩の、いっさいの執着を離れた、清らかな眼から見れば、という条件付きです。とはいえ、性の快楽を仏菩薩の清らかな境地として認めること自体、禁欲を基本とする仏教にとって、いや宗教全般にとって、衝撃的な出来事です。

では、なにゆえに『理趣経』は性の快楽を仏菩薩の清らかな境地として認めるのでしょうか。実は、性という、人間にとってもっとも根源的な行為を全面的に肯定することで、人間存在そのものを、まるごと肯定しようとこころみたからなのです。その意味で、『理趣経』は人間讃歌の聖典といってかまいません。

本書は以上のような『理趣経』の神髄を、できるかぎりわかりやすく、しかも現代の学問研究の成果をふまえて、正確にお伝えすることを目的に書かれました。難解の極みとされてきた原文も、今回は思い切ってわかりやすく現代語訳しています。

正木　晃

理趣経　全文

※読みがなのない部分は読経しない。

勧請

帰命《みよう》毘《び》盧《る》遮《しや》那《な》。仏　無《む》染《ぜん》。無着真理趣
生生《しようじよう》。値遇無相教　世世《せせ》。持誦不忘念
弘《こう》法《ぼう》大《だい》師《し》増《ぞう》法《ほう》楽《らく》（回向のときは過《か》去《こ》聖霊《しようりよう》成正《じようしよう》覚《がく》）
大《たい》楽《ら》金《きん》剛《こう》不《ふ》空《こう》真《しん》実《じ》三《さん》摩《ま》耶《や》経《けい》
般若波羅蜜多理趣品
大興善寺三蔵沙門大広智不空奉詔訳

序説

如《じょ》是《し》我《が》聞《ぶん》。一《いッ》時《し》薄《ふぁ》伽《きゃ》梵《ふぁん》。成《せい》就《しゅ》殊《しゅ》勝《しょう》一《いッ》切《せい》如《じょ》来《らい》。金《きん》剛《こう》加《か》持《ち》三《さん》摩《ま》耶《や》智《ち》。已《い》得《とく》一《いッ》切《せい》如《じょ》来《らい》灌《かん》頂《てい》宝《ほう》冠《かん》為《い》三《さん》界《かい》主《しゅ》。已《い》証《しょう》一《いッ》切《せい》如《じょ》来《らい》。一《いッ》切《せい》智《ち》智《ち》瑜《ゆ》加《きゃ》自《し》在《さい》。能《のう》作《さく》一《いッ》切《せい》如《じょ》来《らい》。一《いッ》切《せい》印《いん》平《ぺい》等《とう》種種《しょうじょう》事《し》業《ぎょう》。於《よ》無《ぶ》尽《しん》無《ぶ》余《よ》一《いッ》切《せい》衆《しゅう》生《せい》界《かい》。一《いッ》切《せい》意《い》願《げん》作《さく》業《ぎょう》。皆《かい》悉《しッ》円《てん》満《まん》。常《じょう》恒《こう》三《さん》世《せ》。一《いッ》切《せい》時《し》身《しん》語《ぎょ》意《い》業《ぎょう》。金《きん》剛《こう》大《たい》毘《ひ》盧《ろ》遮《しゃ》那《だ》如《じょ》来《らい》。在《さい》於《よ》欲《よッ》界《かい》他《た》化《か》自《し》在《さい》天《てん》王《のう》宮中《きゅうちゅう》。一《いッ》切《せい》如《じょ》来《らい》常《しょう》所《そ》遊《ゆう》処《しょ》吉《きッ》祥《しょう》称《しょう》歎《たん》。大《たい》摩《ま》尼《じ》殿《てん》。種種《しょうじょう》間《かん》錯《さく》。鈴《れい》鐸《たく》繒《そう》幡《ばん》微《び》風《ふう》揺《よう》撃《げき》。珠《しゅ》鬘《まん》瓔《えい》珞《らく》半《はん》満《まん》月《げつ》等《とう》而《じ》為《い》荘《そう》厳《げん》。与《よ》八《はッ》十《しゅう》倶《く》胝《ち》菩《ほ》薩《さッ》衆《しゅう》倶《く》。所《そ》謂《い》。金《きん》剛《こう》手《しゅ》菩《ほ》薩《さん》摩《ば》訶《か》薩《さ》。観《かん》自《し》在《さい》菩《ほ》薩《さん》摩《ば》訶《か》薩《さ》。虚《きょ》空《こう》蔵《そう》菩《ほ》薩《さん》摩《ば》訶《か》薩《さ》。金《きん》剛《こう》拳《けん》菩《ほ》薩《さん》摩《ば》訶《か》薩《さ》。文《ぶん》殊《じゅ》師《し》利《り》菩《ほ》薩《さん》摩《ば》訶《か》薩《さ》。纔《さい》発《はッ》心《しん》転《てん》法《ぼう》輪《りん》菩《ほ》薩《さん》摩《ば》訶《か》薩《さ》。虚《きょ》空《こう》庫《こ》菩《ほ》薩《さん》摩《ば》訶《か》薩《さ》。摧《さい》一《いッ》切《せい》魔《ま》菩《ほ》薩《さん》摩《ば》訶《か》薩《さ》。与《よ》如《じょ》是《し》等《とう》大《だい》菩《ほ》薩《さツ》衆《しゅうきょう》。恭敬《けい》囲《い》繞《じょう》而《じ》為《い》説《せツ》法《ぽう》。初《そ》中《ちゅう》後《こう》善《せん》文《ぶん》義《ぎ》巧《こう》妙《びょう》。純《しゅん》一《にち》円《えん》満《まん》清《せい》浄《せい》潔《けツ》白《ぱく》。

初段

説《せ》一《いツ》切《せい》法《ほう》清《せい》浄《せい》句《く》門《もん》。所《そ》謂《い》。妙《びょう》適《てき》清《せい》浄《せい》句《く》是《し》菩《ほ》薩《さ》位《い》。欲《よく》箭《せん》清《せい》浄《せい》句《く》是《し》菩《ほ》薩《さ》位《い》。触《そく》清《せい》浄《せい》句《く》是《し》菩《ほ》薩《さ》位《い》。愛《あい》縛《はく》清《せい》浄《せい》句《く》是《し》菩《ほ》薩《さ》位《い》。一《いツ》切《せい》自《し》在《さい》主《しゅ》清《せい》浄《せい》句《く》是《し》菩《ほ》薩《さ》位《い》。見《けん》清《せい》浄《せい》句《く》是《し》菩《ほ》薩《さ》位《い》。適《てき》悦《えツ》清《せい》浄《せい》句《く》是《し》菩《ほ》薩《さ》位《い》。愛《あい》清《せい》浄《せい》句《く》是《し》菩《ほ》薩《さ》位《い》。慢《まん》清《せい》浄《せい》句《く》是《し》菩《ほ》薩《さ》位《い》。荘《そう》厳《げん》清《せい》浄《せい》句《く》是《し》菩《ほ》薩《さ》位《い》。意《い》滋《し》沢《たく》清《せい》浄《せい》句《く》是《し》菩《ほ》薩《さ》位《い》。光《こう》明《べい》清《せい》浄《せい》句《く》是《し》菩《ほ》薩《さ》位《い》。身《しん》楽《らく》清《せい》浄《せい》句《く》是《し》菩《ほ》薩《さ》位《い》。色《しょく》清《せい》浄《せい》句《く》是《し》菩《ほ》薩《さ》位《い》。声《せい》清《せい》浄《せい》句《く》是《し》菩《ほ》薩《さ》位《い》。香《きょう》清《せい》浄《せい》句《く》是《し》菩《ほ》薩《さ》位《い》。味《び》清《せい》浄《せい》句《く》是《し》菩《ほ》薩《さ》位《い》。何《か》以《い》故《こ》。一《いツ》切《せい》法《ほう》自《し》性《せい》清《せい》浄《せい》故《こ》。般《はん》若《じゃ》波《は》羅《ら》蜜《び》多《た》清《せい》浄《せい》。金《きん》剛《こう》手《しゅ》。若《じゃく》有《ゆう》聞《ぶん》此《し》清《せい》浄《せい》出《しゅツ》生《せい》句《く》。般《はん》若《じゃ》理《り》趣《しゅ》。乃《だい》至《し》菩《ほ》提《てい》道《とう》場《ちょう》。一《いッ》切《せい》蓋《かい》障《しょう》。及《きゅう》煩《はん》悩《だッ》障《しょう》法《はッ》障《しょう》業《げッ》障《しょう》設《せッ》広《こう》積《せき》習《しゅう》。必《ひッ》不《ぷ》堕《た》於《よ》地《ち》獄《ぎょく》等《とう》趣《しゅ》。設《せッ》作《さく》重《ちょう》罪《さい》消《しょう》滅《べッ》不《ぷ》難《なん》。若《じゃく》能《のう》受《しゅ》持《ち》日《じっ》日《じッ》。読《とく》誦《しょう》作《さく》意《い》思《し》惟《い》。即《そく》於《よ》現《けん》生《せい》証《しょう》。一《いッ》切《せい》法《ほう》平《へい》等《とう》金《きん》剛《こう》三《さん》摩《ま》地《ち》。於《よ》一《いッ》切《せい》法《ほう》皆《かい》得《とく》自《し》在《さい》。受《しゅ》於《よ》無《ぶ》量《りょう》適《てき》悦《えッ》歓《かん》喜《ぎ》。以《い》十《しゅう》六《りく》大《たい》菩《ほ》薩《さッ》生《せい》。獲《かき》得《とく》如《じょ》来《らい》執《しゅう》金《きん》剛《こう》位《い》。時《し》薄《ふあ》伽《きや》梵《ふあん》。一《いッ》切《せい》如《じょ》来《らい》大《たい》乗《しょう》現《けん》証《しょう》三《さん》摩《ま》耶《や》。一《いッ》切《せい》曼《まん》茶《た》羅《ら》持《ち》金《きん》剛《こう》勝《しょう》薩《さッ》埵《た》。於《よ》三《さん》界《かい》中《ちゅう》調《ちょう》伏《ふく》無《ぶ》余《よ》。一《いッ》切《せい》義《ぎ》成《せい》就《しゅ》金《きん》剛《こう》手《しゅ》菩《ほ》薩《さん》摩《ば》訶《か》薩《さ》。為《い》欲《よ》重《ちょう》顕《おん》明《び》此《し》義《い》故《こ》。熙《き》怡《い》微《び》笑《しょう》左《さ》手《しゅ》作《さ》金《きん》剛《こう》慢《まん》印《にん》。右《ゆう》手《しゅ》抽《ちゅう》擲《てき》本《ほん》初《そ》大《たい》金《きん》剛《こう》作《さく》勇《ゆう》進《しん》勢《せい》。説《せッ》大《たい》楽《ら》金《きん》剛《こう》不《ふ》空《こう》三《さん》摩《ま》耶《や》心《しん》。

金剛薩埵

第二段

時《し》薄《ふぁ》伽《きゃ》梵《ふぁん》毘《ひ》盧《ろ》遮《しゃ》那《だ》如《じょ》来《らい》。復《ふッ》説《せ》一《いッ》切《せい》如《じょ》来《らい》。寂《せき》静《せい》法《はッ》性《せい》現《けん》等《とう》覚《かく》出《しゅッ》生《せい》般《はん》若《じゃ》理《り》趣《しゅ》。所《そ》謂《い》。金《きん》剛《こう》平《へい》等《とう》。現《けん》等《とう》覚《かく》以《い》大《たい》菩《ほ》提《てい》金《きん》剛《こう》堅《けん》固《こ》故《こ》。義《ぎ》平《へい》等《とう》。現《けん》等《とう》覚《かく》以《い》大《たい》菩《ほ》提《てい》一《いち》義《ぎ》利《り》故《こ》。法《ほう》平《へい》等《とう》。現《けん》等《とう》覚《かく》以《い》大《たい》菩《ほ》提《てい》自《し》性《せい》清《せい》浄《せい》故《こ》。一《いッ》切《せい》業《げッ》平《ぺい》等《とう》。現《けん》等《とう》覚《かく》以《い》大《たい》菩《ほ》提《てい》一《いッ》切《せい》分《ふん》別《べつ》。無《ぶ》分《ふん》別《ベツ》性《せい》故《こ》。金《きん》剛《こう》手《しゅ》。若《じゃく》有《ゆう》聞《ぶん》此《し》四《し》出《しゅッ》生《せい》法《ほう》読《とく》誦《しょう》受《しゅ》持《ち》。設《せッ》使《し》現《けん》行《こう》無《ぶ》量《りょう》重《ちょう》罪《さい》。必《ひッ》能《のう》超《ちょう》越《えッ》一《いッ》切《せい》悪《あく》趣《しゅ》。乃《だい》至《し》当《とう》坐《さ》菩《ほ》提《てい》道《とう》場《ちょう》。速《そく》能《のう》剋《こく》証《しょう》無《ぶ》上《しょう》正《せい》覚《かく》。時《し》薄《ふぁ》伽《きゃ》梵《ふぁん》如《じょ》是《し》説《せッ》已《ち》。欲《よ》重《ちょう》顕《おん》明《び》此《し》義《い》故《こ》。熙《き》怡《い》微《び》笑《しょう》持《ち》智《ち》拳《けん》印《にん》。説《せ》一《いッ》切《せい》法《ほう》自《し》性《せい》平《へい》等《とう》心《しん》。

大日如来

第三段

時《し》調《ちょう》伏《ふく》難《なん》調《じょう》釈《せい》迦《きゃ》牟《ぼう》尼《ち》如《じょ》来《らい》。復《ふッ》説《せ》一《いッ》切《せい》法《ほう》平《へい》等《とう》。最《さい》勝《しょう》出《しゅッ》生《せい》般《はん》若《じゃ》理《り》趣《しゅ》。所《そ》謂《い》。欲《よく》無《ぶ》戯《き》論《ろん》性《せい》故《こ》瞋《しん》無《ぶ》戯《き》論《ろん》性《せい》。瞋《しん》無《ぶ》戯《き》論《ろん》性《せい》故《こ》痴《ち》無《ぶ》戯《き》論《ろん》性《せい》。痴《ち》無《ぶ》戯《き》論《ろん》性《せい》故《こ》一《いッ》切《せい》法《ほう》無《ぶ》戯《き》論《ろん》性《せい》。一《いッ》切《せい》法《ほう》無《ぶ》戯《き》論《ろん》性《せい》故《こ》。応《よう》知《ち》般《はん》若《じゃ》波《は》羅《ら》蜜《び》多《た》無《ぶ》戯《き》論《ろん》性《せい》金《きん》剛《こう》手《しゅ》。若《じゃく》有《ゆう》聞《ぶん》此《し》理《り》趣《しゅ》受《しゅ》持《ち》。読《とく》誦《しょう》。設《せッ》害《かい》三《さん》界《かい》一《いッ》切《せい》有《ゆう》情《せい》。不《ふ》堕《だ》悪《あく》趣《しゅ》。為《い》調《ちょう》伏《ふッ》故《こ》。疾《しッ》証《しょう》無《ぶ》上《しょう》正《せい》等《とう》菩《ほ》提《てい》。時《し》金《きん》剛《こう》手《しゅ》大《たい》菩《ほ》薩《さ》。欲《よ》重《ちょう》顕《おん》明《び》此《し》義《い》故《こ》。持《ち》降《こう》三《さん》世《せ》印《いん》。以《に》蓮《れん》華《か》面《めん》。微《び》笑《しょう》而《じ》怒《と》顰《ひん》眉《び》猛《もう》視《し》。利《り》牙《か》出《しゅつ》現《げん》住《ちゅう》降《こう》伏《ふく》立《りッ》相《しょう》。説《せッ》此《し》金《きん》剛《こう》吽《うん》迦《きゃ》羅《ら》心《しん》。

降三世

第四段

時《し》薄《ふあ》伽《きや》梵《ふあん》得《とく》自《し》性《せい》清《せい》浄《せい》法《はッ》性《せい》如《じよ》来《らい》。復《ふッ》説《せ》一《いッ》切《せい》法《ほう》平《へい》等《とう》。観《かん》自《し》在《さい》智《ち》印《いん》出《しゆッ》生《せい》般《はん》若《じや》理《り》趣《しゆ》。所《そ》謂《い》。世《せ》間《かん》一《いッ》切《せい》欲《よく》清《せい》浄《せい》故《こ》。即《そく》一《いッ》切《せい》瞋《しん》清《せい》浄《せい》。世《せ》間《かん》一《いッ》切《せい》垢《こう》。清《せい》浄《せい》故《こ》即《そく》一《いッ》切《せい》罪《さい》清《せい》浄《せい》。世《せ》間《かん》一《いッ》切《せい》法《ほう》清《せい》浄《せい》故《こ》。即《そく》一《いッ》切《せい》有《ゆう》情《せい》清《せい》浄《せい》。世《せ》間《かん》一《いッ》切《せい》智《ち》智《ち》清《せい》浄《せい》故《こ》。即《そく》般《はん》若《じや》波《は》羅《ら》蜜《び》多《た》清《せい》浄《せい》。金《きん》剛《こう》手《しゆ》。若《じやく》有《ゆう》聞《ぶん》此《し》理《り》趣《しゆ》受《しゆ》持《ち》読《とく》誦《しよう》作《さく》意《い》思《し》惟《い》。設《せッ》住《ちゆう》諸《しよ》欲《よく》猶《ゆう》如《じよ》蓮《れん》華《か》。不《ふ》為《い》客《かく》塵《ちん》諸《しよ》垢《こう》所《そ》染《ぜん》。疾《しッ》証《しよう》無《ぶ》上《しよう》正《せい》等《とう》菩《ほ》提《てい》。時《し》薄《ふあ》伽《きや》梵《ふあん》。観《かん》自《し》在《さい》大《たい》菩《ほ》薩《さ》欲《よ》重《ちよう》顕《おん》明《び》此《し》義《い》故《こ》。熙《き》怡《い》微《び》笑《しよう》。作《さッ》開《かい》敷《ふ》蓮《れん》華《か》勢《せい》観《かん》欲《によく》不《ふ》染《ぜん》。説《せ》一《いッ》切《せい》群《きん》生《せい》。種《しよう》種《じよう》色《しよく》心《しん》。

観音

第五段

時《し》薄《ふあ》伽《きや》梵《ふあん》一《いッ》切《せい》三《さん》界《かい》主《しゆ》如《じよ》来《らい》。復《ふッ》説《せ》一《いッ》切《せい》如《じよ》来《らい》灌《かん》頂《でい》智《ち》蔵《そう》般《はん》若《じや》理《り》趣《しゆ》。所《そ》謂《い》。以《い》灌《かん》頂《でい》施《し》故《こ》能《のう》得《とく》三《さん》界《かい》法《は》王《おう》位《い》。義《ぎ》利《り》施《し》故《こ》得《とく》一《いッ》切《せい》意《い》願《げん》満《まん》足《そく》。以《い》法《はッ》施《し》故《こ》得《とく》円《えん》満《まん》。一《いッ》切《せい》法《ほう》。資《し》生《せい》施《し》故《こ》得《とく》身《しん》口《こう》意《い》一《いッ》切《せい》安《あん》楽《らく》。時《し》虚《きよ》空《こう》蔵《そう》大《たい》菩《ほ》薩《さ》。欲《よ》重《ちよう》顕《おん》明《び》此《し》義《い》故《こ》。熙《き》怡《い》微《び》笑《しよう》以《い》金《きん》剛《こう》宝《ほう》鬘《まん》自《し》繫《げ》其《き》首《しゆ》。説《せ》一《いッ》切《せい》灌《かん》頂《でい》。三《さん》摩《ま》耶《や》宝《ほう》心《しん》。

虚空蔵

第六段

時《し》薄《ふあ》伽《きや》梵《ふあん》得《とく》一《いッ》切《せい》如《じよ》来《らい》智《ち》印《いん》如《じよ》来《らい》。復《ふッ》説《せ》一《いッ》切《せい》如《じよ》来《らい》智《ち》印《いん》加《か》持《ち》般《はん》若《じゃ》理《り》趣《しゅ》。所《そ》謂《い》。持《ち》一《いッ》切《せい》如《じょ》来《らい》身《しん》印《にん》即《そく》為《い》一《いッ》切《せい》如《じょ》来《らい》身《しん》。持《ち》一《いッ》切《せい》如《じょ》来《らい》語《ぎょ》印《いん》。即《そく》得《とく》一《いッ》切《せい》如《じょ》来《らい》法《はッ》。持《ち》一《いッ》切《せい》如《じょ》来《らい》心《しん》印《にん》。即《そく》証《しょう》一《いッ》切《せい》如《じょ》来《らい》三《さん》摩《ま》地《ち》。持《ち》一《いッ》切《せい》如《じょ》来《らい》金《きん》剛《こう》印《いん》。即《そく》成《せい》就《しゅ》一《いッ》切《せい》如《じょ》来《らい》身《しん》口《こう》意《い》業《ぎょう》最《さい》勝《しょう》悉《しッ》地《ち》。金《きん》剛《こう》手《しゅ》。若《じゃく》有《ゆう》聞《ぶん》此《し》理《り》趣《しゅ》受《しゅ》持《ち》。読《とく》誦《しょう》作《さく》意《い》思《し》惟《い》。得《とく》一《いッ》切《せい》自《し》在《さい》。一《いッ》切《せい》智《ち》智《ち》。一《いッ》切《せい》事《し》業《ぎょう》。一《いッ》切《せい》成《せい》就《しゅ》。得《とく》一《いッ》切《せい》身《しん》口《こう》意《い》。金《きん》剛《こう》性《せい》一《いッ》切《せい》悉《しッ》地《ち》。疾《しッ》証《しょう》無《ぶ》上《しょう》。正《せい》等《とう》菩《ほ》提《てい》。時《し》薄《ふあ》伽《きゃ》梵《ふあん》。為《い》欲《よ》重《ちょう》顕《おん》明《び》此《し》義《い》故《こ》。熙《き》怡《い》微《び》笑《しょう》。持《ち》金《きん》剛《こう》拳《けん》大《たい》三《さん》摩《ま》耶《や》印《いん》。説《せッ》此《し》一《いッ》切《せい》堅《けん》固《こ》金《きん》剛《こう》印《いん》。悉《しッ》地《ち》三《さん》摩《ま》耶《や》自《し》真《しん》実《じッ》心《しん》。

拳菩薩

第七段

時《し》薄《ふあ》伽《きや》梵《ふあん》一《いッ》切《せい》無《ぶ》戯《き》論《ろん》如《じよ》来《らい》。復《ふッ》説《せ》転《てん》字《し》輪《りん》般《はん》若《じや》理《り》趣《しゆ》。所《そ》謂《い》。諸《しよ》法《ほう》空《こう》与《よ》無《ぶ》自《し》性《せい》相《しよう》応《よう》故《こ》。諸《しよ》法《ほう》無《ぶ》相《しよう》与《よ》無《ぶ》相《しよう》性《せい》相《しよう》応《よう》故《こ》。諸《しよ》法《ほう》無《ぶ》願《げん》与《よ》無《ぶ》願《げん》性《せい》相《しよう》応《よう》故《こ》。諸《しよ》法《ほう》光《こう》明《べい》。般《はん》若《じや》波《は》羅《ら》蜜《び》多《た》清《せい》浄《せい》故《こ》。時《し》文《ぶん》殊《じゆ》師《し》利《り》童《とう》真《しん》。欲《よ》重《ちよう》顕《おん》明《び》此《し》義《い》故《こ》。熙《き》怡《い》微《び》笑《しよう》。以《い》自《し》剣《けん》揮《き》斫《しやく》一《いッ》切《せい》如《じよ》来《らい》。以《い》説《せッ》此《し》。般《はん》若《じや》波《は》羅《ら》蜜《び》多《た》。最《さい》勝《しよう》心《しん》。

文殊

第八段

時《し》薄《ふあ》伽《きや》梵《ふあん》一《いッ》切《せい》如《じよ》来《らい》入《じゆう》大《たい》輪《りん》如《じよ》来《らい》。復《ふッ》説《せ》入《じゆう》大《たい》輪《りん》般《はん》若《じや》理《り》趣《しゆ》。所《そ》謂《い》。入《じゆう》金《きん》剛《こう》平《へい》等《とう》。則《そく》入《じゆう》一《いッ》切《せい》如《じよ》来《らい》法《ほう》輪《りん》。入《じゆう》義《ぎ》平《へい》等《とう》則《そく》入《じゆう》大《たい》菩《ほ》薩《さ》輪《りん》。入《じゆう》一《いッ》切《せい》法《ほう》平《へい》等《とう》。則《そく》入《じゆう》妙《びよう》法《ほう》輪《りん》。入《じゆう》一《いッ》切《せい》業《げッ》平《ぺい》等《とう》。則《そく》入《じゆう》一《いッ》切《せい》事《し》業《ぎょう》輪《りん》。時《し》纔《さい》発《はッ》心《しん》転《てん》法《ぼう》輪《りん》大《たい》菩《ほ》薩《さ》。欲《よ》重《ちょう》顕《おん》明《び》此《し》義《い》故《こ》。熙《き》怡《い》微《び》笑《しょう》。転《てん》金《きん》剛《こう》輪《りん》。説《せ》一《いッ》切《せい》金《きん》剛《こう》三《さん》摩《ま》耶《や》心《しん》。

転法輪

第九段

時《し》薄《ふぁ》伽《きゃ》梵《ふぁん》一《いッ》切《せい》如《じょ》来《らい》種《しょう》種《じょう》供《きょう》養《よう》蔵《そう》。広《こう》大《たい》儀《ぎ》式《しょく》如《じょ》来《らい》。復《ふッ》説《せ》一《いッ》切《せい》供《きょう》養《よう》。最《さい》勝《しょう》出《しゅッ》生《せい》般《はん》若《じゃ》理《り》趣《しゅ》。所《そ》謂《い》。発《はッ》菩《ぼ》提《てい》心《しん》。則《そく》為《い》於《よ》諸《しょ》如《じょ》来《らい》広《こう》大《たい》供《きょう》養《よう》。救《きゅう》済《せい》一《いッ》切《せい》衆《しゅう》生《せい》則《そく》為《い》於《よ》諸《しょ》如《じょ》来《らい》広《こう》大《たい》供《きょう》養《よう》。受《しゅ》持《ち》妙《びょう》典《てん》則《そく》為《い》於《よ》諸《しょ》如《じょ》来《らい》広《こう》大《たい》供《きょう》養《よう》。於《よ》般《はん》若《じゃ》波《は》羅《ら》蜜《び》多《た》。受《しゅ》持《ち》読《とく》誦《しょう》自《し》書《しょ》教《こう》他《た》。書《しょ》思《し》惟《い》修《しゅう》習《じゅう》種《しょう》種《じょう》供《きょう》養《よう》。則《そく》為《い》於《よ》諸《しょ》如《じょ》来《らい》広《こう》大《たい》供《きょう》養《よう》。時《し》虚《きょ》空《こう》庫《こ》大《たい》菩《ほ》薩《さ》。欲《よ》重《ちょう》顕《おん》明《び》此《し》義《い》故《こ》。熙《き》怡《い》微《び》笑《しょう》。説《せッ》此《し》一《いッ》切《せい》事《し》業《ぎょう》。不《ふ》空《こう》三《さん》摩《ま》耶《や》一《いッ》切《せい》金《きん》剛《こう》心《しん》。

虚空庫

第十段

時《し》薄《ふぁ》伽《きゃ》梵《ふぁん》能《のう》調《ちょう》持《ち》智《ち》拳《けん》如《じょ》来《らい》。復《ふッ》説《せ》一《いッ》切《せい》調《ちょう》伏《ふく》智《ち》蔵《そう》般《はん》若《じゃ》理《り》趣《しゅ》。所《そ》謂《い》。一《いッ》切《せい》有《ゆう》情《せい》。平《へい》等《とう》故《こ》忿《ふん》怒《ど》平《へい》等《とう》。一《いッ》切《せい》有《ゆう》情《せい》調《ちょう》伏《ふッ》故《こ》忿《ふん》怒《ど》調《ちょう》伏《ふく》。一《いッ》切《せい》有《ゆう》情《せい》法《はッ》性《せい》故《こ》忿《ふん》怒《ど》法《はッ》性《せい》。一《いッ》切《せい》有《ゆう》情《せい》金《きん》剛《こう》性《せい》故《こ》忿《ふん》怒《ど》金《きん》剛《こう》性《せい》。何《か》以《い》故《こ》。一《いッ》切《せい》有《ゆう》情《せい》調《ちょう》伏《ふく》則《そく》為《い》菩《ほ》提《てい》。時《し》擢《さい》一《いッ》切《せい》魔《ま》大《たい》菩《ほ》薩《さ》。欲《よ》重《ちょう》顕《おん》明《び》此《し》義《い》故《こ》。熙《き》怡《い》微《び》笑《しょう》。以《い》金《きん》剛《こう》薬《やき》叉《しゃ》形《けい》持《ち》金《きん》剛《こう》牙《か》。恐《きょう》怖《ふ》一《いッ》切《せい》如《じょ》来《らい》已《い》。説《せ》金《きん》剛《こう》忿《ふん》怒《ど》大《たい》笑《しょう》心《しん》。

摧一切魔

第十一段

時《し》薄《ふあ》伽《きや》梵《ふあん》一《いッ》切《せい》平《へい》等《とう》建《けん》立《りゆう》如《じよ》来《らい》。復《ふッ》説《せ》一《いッ》切《せい》法《ほう》三《さん》摩《ま》耶《や》。最《さい》勝《しよう》出《しゆッ》生《せい》般《はん》若《じや》理《り》趣《しゆ》。所《そ》謂《い》。一《いッ》切《せい》平《へい》等《とう》性《せい》故《こ》。般《はん》若《じや》波《は》羅《ら》蜜《び》多《た》平《へい》等《とう》性《せい》。一《いッ》切《せい》義《ぎ》利《り》性《せい》故《こ》。般《はん》若《じや》波《は》羅《ら》蜜《び》多《た》義《ぎ》利《り》性《せい》。一《いッ》切《せい》法《はッ》性《せい》故《こ》。般《はん》若《じや》波《は》羅《ら》蜜《び》多《た》法《はッ》性《せい》。一《いッ》切《せい》事《し》業《ぎよう》性《せい》故《こ》。般《はん》若《じや》波《は》羅《ら》蜜《び》多《た》事《し》業《ぎよう》性《せい》。説《せ》応《よう》知《ち》。時《し》金《きん》剛《こう》手《しゆ》。入《じゆう》一《いッ》切《せい》如《じよ》来《らい》菩《ほ》薩《さ》。三《さん》摩《ま》耶《や》加《か》持《ち》三《さん》摩《ま》地《ち》。説《せ》一《いッ》切《せい》不《ふ》空《こう》三《さん》摩《ま》耶《や》心《しん》。

普賢

第十二段

時《し》薄《ふあ》伽《きや》梵《ふあん》如《じよ》来《らい》。復《ふッ》説《せ》一《いッ》切《せい》有《ゆう》情《せい》加《か》持《ち》。般《はん》若《じや》理《り》趣《しゆ》。所《そ》謂《い》。一《いッ》切《せい》有《ゆう》情《せい》如《じよ》来《らい》蔵《ぞう》。以《い》普《ほ》賢《けん》菩《ほ》薩《さ》一《いッ》切《せい》我《が》故《こ》。一《いッ》切《せい》有《ゆう》情《せい》金《きん》剛《こう》蔵《ぞう》。以《い》金《きん》剛《こう》蔵《ぞう》灌《かん》頂《でい》故《こ》。一《いッ》切《せい》有《ゆう》情《せい》妙《びよう》法《はッ》蔵《ぞう》。能《のう》転《てん》一《いッ》切《せい》語《ぎよ》言《げん》故《こ》。一《いッ》切《せい》有《ゆう》情《せい》羯《きやら》磨《ま》蔵《ぞう》。能《のう》作《さく》所《そ》作《さく》性《せい》相《しよう》応《よう》故《こ》。時《し》外《がい》金《きん》剛《こう》部《ほう》。欲《よく》重《ちよう》顕《けん》明《べい》此《し》義《い》故《こ》。作《さッ》歓《かん》喜《ぎ》声《せい》。説《せ》金《きん》剛《こう》自《し》在《さい》自《し》真《しん》実《じッ》心《しん》。

外金剛部

第十三段

爾《じ》時《し》七《しち》母《ぼ》女《じょ》天《てん》頂《てい》礼《れい》仏《ふッ》足《そッ》。献《けん》鉤《こう》召《ちょう》摂《しょう》入《じゅう》能《のう》殺《さっ》能《のう》成《せい》。三《さん》摩《ま》耶《や》真《しん》実《じッ》心《しん》。

七母女天

第十四段

爾《じ》時《し》末《ま》度《と》迦《きゃ》羅《ら》天《てん》三《さん》兄《けい》弟《てい》等《とう》。親《しん》礼《れい》仏《ふッ》足《そッ》献《けん》自《し》心《しん》真《しん》言《げん》。

三兄弟

第十五段

爾《じ》時《し》四《し》姉《し》妹《まい》。女《じょ》天《てん》。献《けん》自《し》心《しん》真《しん》言《げん》。

四姉妹

第十六段

時《し》薄《ふぁ》伽《きゃ》梵《ふぁん》無《ぶ》量《りょう》無《ぶ》辺《へん》究《きゅう》竟《けい》如《じょ》来《らい》。為《い》欲《よッ》加《か》持《ち》此《し》教《こう》令《れい》究《きゅう》竟《けい》円《えん》満《まん》故《こ》。復《ふッ》説《せ》平《へい》等《とう》金《きん》剛《こう》出《しゅッ》生《せい》般《はん》若《じゃ》理《り》趣《しゅ》。所《そ》謂《い》般《はん》若《じゃ》波《は》羅《ら》蜜《び》多《た》。無《ぶ》量《りょう》故《こ》一《いッ》切《せい》如《じょ》来《らい》無《ぶ》量《りょう》。般《はん》若《じゃ》波《は》羅《ら》蜜《び》多《た》。無《ぶ》辺《へん》故《こ》一《いッ》切《せい》如《じょ》来《らい》無《ぶ》辺《へん》。一《いッ》切《せい》法《ほう》一《いッ》性《せい》故《こ》。般《はん》若《じゃ》波《は》羅《ら》蜜《び》多《た》一《いッ》性《せい》。一《いッ》切《せい》法《ほう》究《きゅう》竟《けい》故《こ》。般《はん》若《じゃ》波《は》羅《ら》蜜《び》多《た》究《きゅう》竟《けい》。金《きん》剛《こう》手《しゅ》。若《じゃく》有《ゆう》聞《ぶん》此《し》理《り》趣《しゅ》。受《しゅ》持《ち》読《とく》誦《しょう》。思《し》惟《い》其《き》義《ぎ》。彼《ひ》於《よ》仏《ふ》菩《ほ》薩《さツ》行《こう》。皆《かい》得《とく》究《きゅう》竟《けい》。

第十七段

時《し》薄《ふぁ》伽《きゃ》梵《ふぁん》毘《ひ》盧《ろ》遮《しゃ》那《だ》。得《とく》一《いツ》切《せい》秘《ひ》密《びつ》法《はツ》性《せい》無《ぶ》戯《き》論《ろん》如《じょ》来《らい》。復《ふツ》説《せ》最《さい》勝《しょう》無《ぶ》初《そ》中《ちゅう》後《こう》。大《たい》楽《ら》金《きん》剛《こう》不《ふ》空《こう》三《さん》摩《ま》耶《や》。金《きん》剛《こう》法《はツ》性《せい》般《はん》若《じゃ》理《り》趣《しゅ》。所《そ》謂《い》。菩《ほ》薩《さん》摩《ば》訶《か》薩《さ》。大《たい》欲《よく》最《さい》勝《しょう》成《せい》就《しゅ》故《こ》。得《とく》大《たい》楽《らく》最《さい》勝《しょう》成《せい》就《しゅ》。菩《ほ》薩《さん》摩《ば》訶《か》薩《さ》。得《とく》大《たい》楽《らく》最《さい》勝《しょう》成《せい》就《しゅ》故《こ》。則《そく》得《とく》一《いツ》切《せい》如《じょ》来《らい》大《たい》菩《ほ》提《てい》最《さい》勝《しょう》成《せい》就《しゅ》。菩《ほ》薩《さん》摩《ば》訶《か》薩《さ》。得《とく》一《いツ》切《せい》如《じょ》来《らい》大《たい》菩《ほ》提《てい》最《さい》勝《しょう》成《せい》就《しゅ》故《こ》。則《そく》得《とく》一《いツ》切《せい》如《じょ》来《らい》。摧《さい》大《たい》力《りよく》魔《ま》最《さい》勝《しょう》成《せい》就《しゅ》。菩《ほ》薩《さん》摩《ば》訶《か》薩《さ》。得《とく》一《いツ》切《せい》如《じょ》来《らい》摧《さい》大《たい》力《りよく》魔《ま》最《さい》勝《しょう》成《せい》就《しゅ》故《こ》。則《そく》得《とく》遍《へん》三《さん》界《かい》自《し》在《さい》主《しゅ》成《せい》就《しゅ》。菩《ほ》薩《さん》摩《ば》訶《か》薩《さ》。得《とく》遍《へん》三《さん》界《かい》自《し》在《さい》主《しゅ》成《せい》就《しゅ》故《こ》。則《そく》得《とく》浄《せい》除《ちょ》無《ぶ》余《よ》界《かい》一《いツ》切《せい》有《ゆう》情《せい》。住《ちゅう》着《ちゃく》流《りゅう》転《てん》。以《い》大《たい》精《せい》進《しん》常《しょう》処《そ》生《せい》死《し》。救《きゅう》摂《しょう》一《いツ》切《せい》利《り》益《えき》安《あん》楽《らく》最《さい》勝究《しょうきゅう》竟《けい》皆《かい》悉《しッ》成《せい》就《しゅ》。何《か》以《い》故《こ》。

菩《ほ》薩《さッ》勝《しょう》恵《けい》者《しゃ》　乃《だい》至《し》尽《しん》生《せい》死《し》
恒《こう》作《さく》衆《しゅう》生《せい》利《り》　而《じ》不《ふ》趣《しゅ》涅《でッ》槃《ぱん》
般《はん》若《じゃ》及《きゅう》方《ほう》便《べん》　智《ち》度《と》悉《しッ》加《か》持《ち》
諸《しょ》法《ほう》及《きゅう》諸《しょ》有《ゆう》　一《いッ》切《せい》皆《かい》清《せい》浄《せい》
欲《よく》等《とう》調《ちょう》世《せ》間《かん》　令《れい》得《とく》浄《せい》除《ちょ》故《こ》
有《ゆう》頂《てい》及《きゅう》悪《あく》趣《しゅ》　調《ちょう》伏《ふく》尽《しん》諸《しょ》有《ゆう》
如《じょ》蓮《れん》体《てい》本《ほん》染《ぜん》　不《ふ》為《い》垢《こう》所《そ》染《ぜん》
諸《しょ》欲《よく》性《せい》亦《えき》然《ぜん》　不《ふ》染《ぜん》利《り》群《きん》生《せい》
大《たい》欲《よく》得《とく》清《せい》浄《せい》　大《たい》安《あん》楽《らく》富《ふ》饒《じょう》
三《さん》界《かい》得《とく》自《し》在《さい》　能《のう》作《さ》堅《けん》固《こ》利《り》

金《きん》剛《こう》手《しゅ》。若《じゃく》有《ゆう》聞《ぶん》此《し》本《ほん》初《そ》般《はん》若《じゃ》理《り》趣《しゅ》。日《じつ》日《じッ》晨《しん》朝《ちょう》或《こく》誦《しょう》或《こく》聴《てい》。彼《ひ》獲《かき》一《いッ》切《せい》安《あん》楽《らく》悦《えッ》意《ち》。大《たい》楽《ら》金《きん》剛《こう》不《ふ》空《こう》三《さん》昧《まい》究《きゅう》竟《けい》悉《しッ》地《ち》。現《けん》世《せ》。獲《かき》

得《とく》一《いッ》切《せい》法《ほう》自《し》在《さい》悦《えッ》楽《らく》。以《い》十《しゅう》六《りく》大《たい》菩《ほ》薩《さッ》生《せい》。得《とく》於《よ》如《じょ》来《らい》執《しゅう》金《きん》剛《こう》
位《い》。

五秘密

流通

爾《じ》時《し》一《いッ》切《せい》如《じょ》来《らい》及《きゅう》持《ち》金《きん》剛《こう》菩《ほ》薩《さん》摩《ば》訶《か》薩《さッ》。等《とう》皆《かい》来《らい》集《しゅ》会《かい》。欲《よく》令《れい》
此《し》法《ほう》不《ふ》空《こう》無《ぶ》礙《かい》速《そく》成《せい》就《しゅ》故《こ》。咸《かん》共《きょう》称《しょう》賛《さん》金《きん》剛《こう》手《しゅ》言《げん》。

善《せん》哉《ざい》善《せん》哉《ざい》大《たい》薩《さッ》埵《た》　善《せん》哉《ざい》善《せん》哉《ざい》大《たい》安《あん》楽《らく》
善《せん》哉《ざい》善《せん》哉《ざい》摩《ま》訶《か》衍《えん》　善《せん》哉《ざい》善《せん》哉《ざい》大《たい》智《ち》恵《けい》
善《せん》能《のう》演《えん》説《ぜ》此《し》法《はッ》教《こう》　金《きん》剛《こう》修《しゅ》多《た》羅《ら》加《か》持《ち》
持《ち》此《し》最《さい》勝《しょう》教《こう》王《おう》者《しゃ》　一《いッ》切《せい》諸《しょ》魔《ま》不《ふ》能《のう》壊《かい》

得《とく》仏《ふ》菩《ほ》薩《さ》最《さい》勝《しょう》位《い》
一《いッ》切《せい》如《じょ》来《らい》及《きゅう》菩《ほ》薩《さ》
為《い》令《れい》持《ち》者《しゃ》悉《し》成《せい》就《しゅ》

於《よ》諸《しょ》悉《しッ》地《ち》当《とう》不《ふ》久《きゅう》
共《きょう》作《さく》如《じょ》是《し》勝《しょう》説《せッ》已《ち》
皆《かい》大《たい》歓《かん》喜《ぎ》信《しん》受《じゅ》行《こう》

理趣経とは

正式な名称

『般若理趣経《はんにゃりしゅきょう》（理趣経）』は、正式には『大楽金剛不空《だいらくこんごうふくう》真実三摩耶経《しんじつさんまやきょう》般若波羅蜜多《はんにゃはらみった》理趣品《りしゅぼん》』といいます。ずいぶん長いタイトルですが、だてに長いのではありません。名は体をあらわすというとおり、このタイトルは、『理趣経』の内容を端的に語っているのです。

まず「大楽」は、文字どおり、「大いなる快楽」を意味しています。さらに具体的にいえば、性の快楽です。ふつう仏教では、性の快楽は、堕落の極みとして、徹底的に否定されます。ところが、『理趣経』は「煩悩即菩提《ぼんのうそくぼだい》」、つまり性の快楽はブッダの悟りの境地に通じるとみなして、肯定したのです。ですから、この場合、「大楽」は、性の快楽と悟りの境地の両方を指していることになります。

「金剛」はダイヤモンドという意味です。ダイヤモンドはこの世でもっとも硬く、もっとも美しく輝く宝石です。そこから、永遠不滅のブッダの教えを、ダイヤモンドにたとえて、「金剛」と称するようになりました。

「不空」は「空しからざる」と読めますから、「虚偽ではない」という意味になります。つぎの「真実」とならんで、この教えが「虚偽ではない、真実である」と形容しているのです。

「三摩耶」は、サンスクリット（梵語《ぼんご》）の「サマヤ」をそのまま漢字で音写した言葉で、「悟りの境地」とか「悟りの心」を意味しています。

「般若波羅蜜多」は、同じくサンスクリットの「プラジュニャーパーラミター」、すなわち、「（悟りの）智恵の完成」という意味です。般若波羅蜜多といえば、すぐ『般若心経《はんにゃしんぎょう》』が思い浮かびます。このことからわかるように、『理趣経』は般若経典のグループに属しています。早い話が、『理趣経』は、大乗仏典のなかでも最古とされる般若経典の、いわば密教版なのです。

最後の「理趣品」にいたって、ようやく理趣という言葉が出てきます。「理趣」は「教え」もしくは「道・修行」という意味です。「品」は、仏教では「章」を意味する言葉ですから、「理趣品」は「教えの章」あるいは「教えの道」という意味です。

したがって、全体では「大いなる快楽は、ダイヤモンドのごとく永遠不滅で、虚偽ではなく、真実であるというブッダの悟りの智恵を明らかにする教えの章」という意味になります。

成立について

『理趣経』がインドで成立したことはまちがいありませんが、いつ成立したのかをめぐっては、まだ確定していません。

私たちが読もうとしている『理趣経』は、不空《ふくう》（七〇五〜七七四）という密教僧が翻訳したものです。不空は八世紀の中ころに、サンスクリットで書かれた原本を、インドから唐《とう》に持ち帰っています。したがって、インドではおそくとも八世紀の前半までに完成していたはずです。また、さまざまな研究から、七世紀の前半には、少なくとも原型ができあがっていたことも確かです。

これらを総合すると、『理趣経』はおおむね七世紀に成立したという結論になります。

この時期、インドでは仏教が全盛期を過ぎ、やや衰えはじめていました。かわってヒンドゥー教が勢力を増してきていました。

インド仏教は、初期仏教（ブッダの時代〜紀元一世紀）→中期仏教（一世紀〜六世紀）→後期仏教（七世紀～一二世紀）というぐあいに展開しました。このうち、中期仏教は大乗仏教が中核を占めていた時代でした。後期仏教は、ヒンドゥー教におされながらも、大乗仏教から誕生してきた神秘的な傾向の強い仏教、すなわち密教が仏教の中核をになっていた時代です。

インド仏教の歴史をふりかえれば、密教はインド仏教の最終走者という位置づけになります。さらに、インド密教は、前期と中期と後期の、三つの段階に分けられます。

密教は四・五世紀ころから徐々にすがたをあらわしはじめます。これが前期密教です。その内容は、呪術的《じゅじゅつ》なことがらが多く、悟りという仏教本来の目的はまだ十分に達成されていません。

七世紀になると、衰退傾向の見えはじめた仏教界を再構築するために、日本の真言宗《しんごんしゅう》などがあがめる『大日経《だいにちきょう》』や『金剛頂経《こんごうちょうきょう》』といった本格的な密教経典が、つぎつぎに成立していきました。『理趣経』が成立したのも、まさにそういう時期でした。これが中期密教です。悟りを開くための方法が十分に発展した段階の密教です。

その少し前の六世紀は、インドの長い歴史でも、ひじょうに豊かな時代でした。

農業生産が飛躍的に伸びたことにくわえ、経済界でも西方との海上交易によって、都市部に莫大《ばくだい》な富が蓄積され、両者あいまって、物質的にまれに見る繁栄を迎えていたのです。

となると当然、世の中には享楽的な気分が蔓延《まんえん》してきます。そうした風潮は、宗教界としても無視できません。これまでの難行苦行をともなう方向から楽な修行へ、さらには世俗的な快楽を肯定したうえで、快楽そのものを仏道修行にとりこむことも、試みられていきました。理趣経の成立も、このような世情と無縁ではなかったようです。

さまざまな訳本

『理趣経』には、サンスクリット（梵語）で書かれたものが一つ、漢訳されたものが六つ、チベット語訳されたものが三つ、あります。内容的には、文章の量が少ない「略本」と、量が多い「広本」に分けられます。

日本で『理趣経』というとき、それはもっぱら不空という僧侶《そうりょ》が、サンスクリットから漢文に翻訳した『大楽金剛不空真実三摩耶経般若波羅蜜多理趣品』を指しています。この訳本は略本に分類されます。

漢訳本で不空訳のほかに有名なのが、玄奘《げんじょう》が翻訳した『般若理趣分《はんにゃりしゅぶん》』です。これは、全部で六〇〇巻もある『大般若波羅蜜多経《だいはんにゃはらみったきょう》』の第五七八巻にあたります。専門家のあいだでは、この『般若理趣分』が発展して、『大楽金剛不空真実三摩耶経般若波羅蜜多理趣品』が誕生したと考えられています。

般若経典から生まれた理趣経

このことから想像されるように、『理趣経』は般若経典と呼ばれるグループから生まれました。これはとても重要な事実です。

インド仏教の歴史を簡単におさらいしておくと、ブッダが悟りを開き、教団をつくりあげた紀元前五世紀〜四世紀からはじまって、紀元後一三世紀の初めくらいまで続きました。このうち、紀元前後ころまでが初期仏教の時代です。現在、スリランカやタイで活動しているテーラワーダ仏教（上座仏教）は、おおむねこのタイプの仏教の後継者です。

その後、ちょうど紀元前後ころに大乗仏教が誕生しました。全盛時代は一世紀から七世紀で、その後はヒンドゥー教やイスラム教に圧倒されて、しだいに衰えていきました。

大乗仏教の全盛時代は、一世紀から四世紀までと、四世紀から七世紀までの、前後二つに分けられます。前半期は、おもに大乗仏教の教えをまとめた経典が誕生した時代。後半期は、経典にもとづいて、大乗仏教の理論的な解明が進められた時代にあたります。

初期の大乗仏典を代表するのが、般若経と呼ばれるグループです。グループといわれるくらいなので、その数は膨大です。「○○般若経」というタイトルの経典が、ごく短いタイプから、長大なタイプまで、たくさんあります。

いちばん短いのが、かの有名な『般若心経』です。字数はわずか二七〇字ほどしかありません。反対に、いちばん長いのが、さきほどお話しした『大般若波羅蜜多経』です。字数にすると、なんと四八二万〇六九三字ですから、『般若心経』の約一万八千倍にもなります。

般若経グループのなかで、いちばん成立が早いのは『八千頌《じゅ》般若経』です。

「頌」は三二音節を意味するので、八千頌は三二音節を一行とすれば、全体で八〇〇〇行あるという意味です。

この『八千頌般若経』は、ありとあらゆる大乗仏典のなかでも、格別の敬意を受けてきました。大乗仏典の生みの親という地位にあるからです。日本ではそうでもありませんが、いまでもチベットやブータンの僧院を訪れると、本堂のもっとも目立つところに『八千頌般若経』が安置されていて、訪れた人々が自分の額をお経の上にのせて、加護を願う姿を見ることができます。

空を説く般若経典

この『八千頌般若経』をはじめ、般若経グループのメインテーマは「空《くう》」です。『般若心経』の「色即是《しきそくぜ》空《くう》」の「空」です。

般若経グループの歴史は、手を変え、品を変え、「空」を説いてきた歴史でした。般若経典の最終ヴァージョンといっていい『理趣経』も、同じく「空」を説いています。

では、「空」とはいったい、なんでしょうか。

この問いにたいする解答は、簡単そうで、じつは難問中の難問です。なぜなら、そもそも「空」にはさまざまな意味が秘められていたことにくわえ、大乗仏教の展開とともに、さらに多くの意味が込められていったからです。ここでは、それをできるだけ簡潔に整理して、説明してみましょう。

空とは「からっぽ」

「空」の原語にあたるシューニヤは、もともと「からっぽ」という意味です。もう少し詳しくいうと、中が空っぽなまま、風船のように「膨れる」という意味をもっています。

ホテルの「空室」とか駐車場の「空車」とかというときの「空」、あるいは「空腹」というときの「空」と、考えていただけばいいかもしれません。ようするに、中身が無いことを意味しているのです。

こういうと、「空」と「無」は、どこがどう違うのか、という質問がよくされます。その解答は、こうです。

「無」は、とにかく「なにかが無い」ことを意味しています。それにたいして、「空」は、「有るべきものが無い」もしくは「有るはずのものが無い」ことを意味しています。わかりやすい例をあげれば、酒瓶はあるのに、お酒が入っていない状態、つまり容器はあるのに、中身が無い状態が、「空」です。

さらに、中身だけではなくて、容器そのものが有るのか無いのか、はっきりしない場合も、「空」という言葉が使われます。なぜかというと、ブッダがこの世の森羅万象は、有るのか無いのかわからないくらい、薄っぺらな容器にすぎないと見抜いたからです。

たとえていうなら、この世の森羅万象は、私たちがゴミ出しのときに使う半透明のゴミ袋みたいなものにすぎないのです。もちろん、中身は入っていません。それなのに、人はみな、この世の森羅万象は確実にあって、中身もしっかり入っていると信じてやまない。それに迷いの根源があるとブッダは見抜いたのです。

ちなみに、数字の０（ゼロ）と空は、まったく同じ意味です。その証拠に、インドの言葉では、０も空も「シューニャ」と同じ発音をします。

ご存じのように、０という数を発見したのは、古代インド人でした。これは「０

の発見」という表現でよく語られ、数学史上の、いやそれどころか、人類史上の一大快挙とされています。0と空の、どちらが先に発見されたかはわかっていませんが、両者のあいだに、深いかかわりがあったことは、疑いようがありません。

0という数は、なにも無いことをあらわしている。しかし、0という数そのものは、たしかに有ります。数字のかたちで目に見えるし、書けもします。つまり、無いことをあらわすものが有る。これは、論理的にはつじつまが合いません。矛盾の極みです。

しかし、それは、この世の森羅万象についても、まったくそのとおりなのだ、人はみな、無いものを、あたかも有るかのように受けとってしまい、迷いに迷うというのがブッダの教えです。そして、この世のそういうありかたを、大乗仏教は「空」という言葉で表現したのです。

数には正数と負数があります。しかし、0は正数でも負数でもありません。これは、ブッダの重要な教えの一つ、「中道《ちゅうどう》」に通じます。大乗仏教では、中道と空はほとんどイコールの関係にありますから、この面からも、0は空に通じるのです。

空はエネルギーに満ちている

「空」にはさまざまな面が秘められています。そのもっとも大切な性質が、無限のエネルギーです。

ともすると、私たちは、中身がしっかり入っているものほど、エネルギーがあると考えがちです。ところが、大乗仏教はそうは考えません。

なぜなら、中身がしっかり入っていると、かえって固着しがちで、エネルギーの量は少ないからです。中身がしっかり入っているのです。これは、満員電車を想像してみれば、わかりやすいと思います。ギュウギュウ詰めになっていては、文字どおり身動きできません。それと同じです。

だから、中身が少ないほど、エネルギーは自由自在に活動できるはずです。とすれば、中身はまったく入っていない状態、すなわち「空」であってこそ、エネルギーは最高度に活動できるという結論になります。

仏菩薩《ぶつぼさつ》が、衆生《しゅじょう》を救うために、あらゆる制約をものともせず、思うがままに活動できるゆえんも、じつはここにあります。なぜなら、仏菩薩とは、空の体現者にほかならないからです。密教では、このあたりが特に強調されます。ようするに、「空」とはエネルギーがパンパンに充満した状態なのです。ただし、そのエネルギーはまだ方向性をもっていません。数学の用語でいえば、ベクトルをもっていないのです。ですから、凡夫にはただの虚無としか感じられません。しかし、宇宙の最高真理に目覚めたブッダから見れば、「空」にはエネルギーが満ちあふれていることが、手に取るようにわかるのです。

空と快楽

空は快楽ともむすびつきます。これは、多くの方には、意外なことかもしれません。ブッダは快楽を否定したと信じられているからです。

インド大乗仏教の最終ランナーに位置する密教は、空に対して独特の解釈と実践をはぐくみました。とりわけ密教の最終段階に登場した「後期密教」は、空は至上至高の快楽として体得できると主張したのです。この考え方を「楽空無別《らくくうむべつ》」、もしくは「楽空無差別《らくくうむしゃべつ》」といいます。

仏教における修行とは、つまるところ、性欲を、さまざまな霊的テクニックを駆使して、悟りへの原動力に変容させることにほかなりません。その証拠に、出家にあたっては、健常な性的能力をもつことが規定されていました。

そして、仏教はブッダ以来、世俗的な快楽の追求は、執着の最たるものとして、完全に否定したのにたいし、修行が生み出すある特殊な状態の快楽、すなわち瞑想《めいそう》がもたらす快楽だけは、容認されるどころか、積極的に求められたのです。

もともと古代インドの精神界では、良い瞑想には精神性と存在性と快楽性がともなうとみなされていました。つまり、良い瞑想とは心地よい瞑想なのです。

さらに、快楽の生みの親ともいえる欲望を全面的に否定するのではなく、欲望を求める心をうまく利用して、悟りの道を模索する方向は、すでに『八千頌般若経』にあらわれています。この経典のなかで真理をきわめた偉大な師としてあがめられているのは、けっして禁欲的な人物ではありません。それどころか、多くは大金持ちで、贅沢《ぜいたく》な大邸宅に住み、美女をあまたかかえています。

具体例をあげれば、第三〇章に登場するダルモードガタ菩薩《ぼさつ》（法上菩薩）は、こう描写されています。

「従者に取りまかれ、六万八千人の婦人とともに、五種の感覚的な欲望の対象を十分に享受し、満喫し、遊び、楽しみ、歓楽している」

これらの要素があいまって、大乗仏教はそれまでにはなかった思想を生み出しました。それが、『理趣経』の正式なタイトルにある「大楽」にほかなりません。「大楽」は、真言密教の教義では、「大きいとか小さいとかいう相対的な価値判断を超えて、比類ないことを意味し、苦にあともどりすることがない、絶対の安楽」と説明されます。たしかに、そのとおりです。

しかし、「大楽」という思想がうぶごえを上げたばかりのころは、心身両面における絶大な快感が、その根底にあったこともまた、疑いようがありません。『理趣経』からのち、『理趣経』が強調した、人間の煩悩はもとより、性行為すらも、その本性は清浄《しょうじょう》であって、菩薩の境地そのものだという考え方は、大きく展開します。性行為が生み出す快楽を究極まで高め、その快楽を、いわば跳躍台として、悟りへと飛翔しようとしたのです。これが、さきほど少しふれた後期密教の「楽空無別」です。

そこでは、男性は方便（実践）、女性は般若（智恵）とみなされ、両性の合一こそ、大乗仏教の理想を実現する道とみなされたのです。

修行法の面でも、大きな変化がありました。それまでのひたすら禁欲につとめ、生命エネルギーを沈静化させることで悟りにいたろうとする「寂静《じやくじよう》の道」から、特殊なテクニックをつかって生命エネルギーを活性化させることで悟りにいたろうとする「増進の道」へ、転換したのです。

生命エネルギーの活性化は、生命活動の極に位置する性の領域とかかわらざるをえません。そうなれば、生命エネルギーの活性化は性的なエネルギーの活性化と、ほとんどイコールの関係になってきます。ここにも、後期密教が性行為を修行に導入した理由が見えてきます。

もちろん、こういう方法は、性行為をきびしく禁じる戒律にふれます。後期密教も、このジレンマに悩みつつも、なんとか悟りを求めようと苦闘したのです。

ちなみに、チベット密教は、この後期密教が中心を占めます。しかし、男女の性行為をそのまま実践することはありません。過去の一時期、実践された形跡は否めませんが、一四世紀以降は、男性を実践（方便）の、女性を智恵（般若）の、それぞれ象徴とみなし、実践と智恵の合一こそ大乗仏教が理想とする境地にほかならない、そう解釈する立場が主流となって現在にいたっています。ですから、ダライ・ラマを指導者にあおぐ最大宗派のゲルク派は、たいへん戒律がきびしく、性的な関係は厳禁されています。

このようにインド密教の歴史をふりかえると、『理趣経』の立ち位置が見えてきます。『理趣経』は、最後の般若経典であり、密教が中期密教から後期密教へと展開するちょうど端境期に位置し、しかしなお後期密教が提示したような実践には踏み込まず、まさにぎりぎりの地点に立っています。

この事実を知れば、『理趣経』がとかく問題視され、現実にさまざまな事件の発端となってきたわけも、よくわかります。絶対に軽々しく扱ってはならない聖典、それが『理趣経』なのです。

漢音で読む『理趣経』

仏典はふつう、呉音《ごおん》で読みます。呉音は、奈良時代に遣隋使《けんずいし》や留学僧《るがくそう》が、そのころの首都だった長安《ちょうあん》から現地の発音、いま流に表現するなら、標準語にあたる漢音を学んで持ち帰る以前に、すでに日本に定着していた漢字の発音のことです。

律令制の時代には、僧侶たる者は漢音で仏典を読むことが求められました。唐への留学にさいしては、漢音ができないと留学の資格が得られないという規定があったくらいです。早い話が、標準中国語ができなければ、留学させないということです。国内でも、仏典を漢音で読める僧侶は、呉音でしか読めない僧侶よりも、はるかに待遇が良いと定められていました。

しかし、こういう努力にもかかわらず、漢音は普及しませんでした。言葉の発音は、上から無理強いしても、矯正《きょうせい》できないのでしょう。それは、明治以来、全国一律に標準語で教育してきても、日常会話となると、それぞれの地方に特有の発音や表現がなくならない事実をみれば、よくわかります。

そういうわけで、現在でも、仏典はごくごく一部の例をのぞけば、ことごとくといってよいほど、呉音で読まれています。そして、そのごくごく一部の例こそ、『理趣経』にほかならないのです。

たとえば、仏典の冒頭に必ずといってよいくらい書かれている「如是我聞」という文言は、ふつうは「にょぜがもん」と読みます。しかし、『理趣経』では「じょしがぶん」と読みます。「金剛」は「こんごう」ではなく、「きんこう」です。「般若波羅蜜多」は「はんにゃはらみった」ではなく、「はんじゃはらびた」です。

そもそもタイトルの『大楽金剛不空真実三摩耶経』からして、「だいらくこんごうふくうしんじつさんまやきょう」ではなく、「たいらきんこうふこうしんじさんまやけい」と読むのです。性の快楽を肯定していることで有名な「所謂妙適清浄句是菩薩位」という一節は、「そいびょうてきせいせいくしほさい」と読みます。

このように、漢音で読むと、濁音が少なくなる傾向があるので、耳には綺麗《きれい》に響きます。発音の体系も、呉音にくらべると、合理的ですので、全体的に整った感じに聞こえます。では、なぜ、『理趣経』は、例外的に漢音で読まれるのでしょうか。

一説には、『理趣経』の内容が、例の「妙適清浄」をはじめ、すこぶる危険をはらんでいるので、耳にしただけでは理解できないようにするために、わざわざ漢音で読んできたともいいます。たしかに、耳を澄ませて聞いていても、『理趣経』の文言は意味がわかりません。しかし、専門家はこの説に否定的です。

ほんとうの理由はもっと単純で、さきほどもふれたとおり、時の政府から、漢音で読むことが強く求められていたかららしいのです。『理趣経』をはじめて日本にもたらしたのは、唐の留学から帰国した最澄《さいちょう》でした。この時期は、漢音で読むべし！　という政府の法令がもっとも厳格に施行されていたので、『理趣経』も漢音で読まざるをえず、それがいままで続いてきたというわけです。事実、この時期にはじめて輸入された仏典の多くは、その後ずっと、呉音ではなく、漢音で読まれつづけてきた歴史があります。

毎日、朝に夕に読誦される理由

興味深いのは、それほど危険な内容を秘めているにもかかわらず、真言宗の寺院では、『理趣経』が毎日、朝に夕に、決まって読誦《どくじゅ》されてきた事実です。東大寺《とうだいじ》でも毎日、読誦されています。

また、葬儀や法事の際も、『理趣経』を読誦します。『理趣経』は、真言宗にとって、いわゆる常用経典の最たるものなのです。

そんなに危険なら、隠しておけばいいじゃないか。なにも毎日、朝に夕に、声高く読誦することはないではないか。厳粛きわまりない葬儀や法事で、読誦することはないではないか。そんな声が聞こえてきそうです。

ほんとうに、なぜ、『理趣経』を、常用経典として、つねひごろ読誦するのでしょうか。

その答えは、『理趣経』自身が用意しています。

まず、第一段の「大楽の法門」に、大日如来《だいにちにょらい》の教えとして、「この教えを心にとめて忘れないようにし、毎日毎夜に読誦し暗唱し、絶えず思うならば、この世で生きているうちに、ありとあらゆることがらの本性を見抜き、この世のすべての感情も行為も存在も、あるいは森羅万象も、みな差別なく等しく、光り輝いているという、ダイヤモンドのごとき永遠不滅の境地に到達できるのです」と説かれています。

第二段の「証悟の法門」にも、「毎日毎夜に読誦し暗唱するなどの十の修行をおこなうならば、たとえ比類ない重い罪を犯そうとも、この教えのおかげですべての心の汚れを浄められ、絶対に地獄に堕《お》ちたりはしません。それどころか、最高の修行の場に坐《ざ》して、無上の悟りを開くことができるのです」と説かれています。

極めつきは第三段の「降伏《ごうぶく》の法門」です。そこには、同じく大日如来の教えとして、「誰であろうと、もしこの教えを心にとめて忘れないようにし、読誦するならば、その人は、たとえ全宇宙の生きとし生けるものことごとくを殺害するようなことをしても、絶対に地獄に堕ちたりはしないのです。それどころか、欲望と怒りと愚かしさという煩悩を克服し、真理に目覚める結果をまねいて、すみやかに無上の悟りを得られるのです」とまで説かれているのです。

ほかの箇所でも、『理趣経』を読誦する功徳《くどく》は、くり返しくり返し説かれます。これこそ、『理趣経』が毎日、朝に夕に、決まって読誦される理由にほかなりません。

経典の読誦に特別な功徳があるという主張は、仏典にはよく出てきます。しかし、『理趣経』ほど、その功徳を強調する例はまれです。ライバルにあげられるとすれば、『法華経《ほけきょう》』くらいでしょうか。

『理趣経』が読誦される背景には、真言密教に独特の理由もあります。じつは、真言宗において両部の大経とあがめられる『大日経』も『金剛頂経』も、読誦することに功徳があるとは説かれていないのです。『大日経』と『金剛頂経』は、その記述にもとづいて、密教の修行者が修法《しゅほう》をいとなむための経典です。いいかえれば、もっぱらプロフェッショナル向けの経典であって、アマチュアでもできる読誦などは、はじめから問題外なのです。

その点、『理趣経』は、最初の大乗仏典として知られる般若経グループの系統に属していて、一般信者も布教の対象とする、いわば庶民の遺伝子を受け継いでいます。内容的には『大日経』や『金剛頂経』よりもむしろ危険なのに、読誦を強調する原因は、ここに求められます。

ようするに、『理趣経』が読誦される理由は、読誦することに大きな功徳があると、『理趣経』自身が説いているからなのです。

なお、真言宗では、流派によって、読誦するスピードにちがいがあります。また、書かれているのに、読まない文字があります。また、これも流派によりますが、祈《き》禱《とう》のときはすこし早く、通夜や葬儀のときはさらに早く、廻《え》向《こう》のときはゆっくり読むように定められている場合もあります。

不空三蔵

『理趣経』を翻訳した不空という人物は、東アジアの密教にとって、最大の功労者でした。この人物がいなければ、日本の密教もまったく異なった展開を遂げた可能性さえあります。

たとえば、弘法大師《こうぼうだいし》空海《くうかい》は、この不空の生まれ変わりという伝承があります。神秘的なお話で、真偽は確かめようもありませんが、それくらい、偉大な人物だということです。

たしかに不空を知らなければ、空海の密教は理解できません。空海自身も、不空の行状に深い関心をいだき、自分の行動モデルにしていた形跡がうかがえるのです。

不空は漢族の出身ではありませんでした。北インドのバラモン出身者を先祖とする父、ソグド系の母を両親として、唐の西北辺境の地に生まれたと伝えられます。父も母もともに、不空がまだごく幼いころに死去し、孤児となった幼子は母方の叔父《おじ》に育てられました。その後、一三歳くらいで、唐の首都だった長安に到着しました。

不空が長安に到着したちょうどそのころ、『金剛頂経』をたずさえた金剛智《こんごうち》という密教僧が、インドから南海《なんかい》を経由して、長安に入っています。幼いときに両親に死別し、出家の志が強かった不空は、一四歳にして金剛智の弟子となり、二〇歳のとき、正式に出家を遂げたのです。

金剛智に仕えること二四年。師が入滅したのち、その遺命にしたがい、不空は現在の広州《こうしゅう》から、海路を使って、インドおよびスリランカへ、新たな法を求めて旅立ちました。かの地では、最新の密教を受法し、あわせて膨大な量のサンスクリット原典を収集することに成功しました。三年後、帰国すると、翻訳を開始するとともに、大唐帝国の頂点に君臨する玄宗《げんそう》皇帝の信任を得て、干天のときは請雨法《しょううほう》を、長雨のときには止雨法《しうほう》を修して、霊験をあらわしました。

もっとも、この時代は、「道先仏後」と称して、仏教よりも道教《どうきょう》が優遇されていました。唐王朝の李という姓が、道教の祖たる老子《ろうし》と同じということも、関係していたようですが、そもそも玄宗皇帝が宗教に期待したのは、もっぱら呪術的な能力であり、悟りうんぬんにはほとんど関心をしめさなかったようです。

極論すれば、玄宗にとって、密教だろうが道教だろうが、呪術を駆使して、自分の願望をかなえてくれるのであれば、どちらでもかまわなかったのです。となれば、中国伝来で、しかも不老長寿など、いたって即物的な願望成就をうたい文句とする道教に肩入れするのも、ごく自然な成り行きだったといえます。

玄宗は、ご存じのとおり、年を重ねるたびに現実政治に対する関心を失い、楊貴《ようき》妃《ひ》との愛欲生活に溺《おぼ》れていきました。そこに道教がつけ込むすきが生じたようです。玄宗の道教信仰は、常軌を逸して、狂信の域に達するまでになります。

このままでは、密教が進出できる余地はない。玄宗の本音を見抜いた不空は、三年後、再びインドへ向かいました。しかし、再度のインド渡航計画は、失敗に終わりました。不空は、思うにまかせないまま、四年間もすごさざるをえないはめとなってしまいました。

しかし、この不遇時代を一変するときがやってきたのです。天宝一四年（七五五）、帝国の北方を守っていた大軍閥の安禄山《あんろくざん》が反乱を起こしたのです。建国以来、一五〇年近くつづいてきた唐の平和と繁栄は、一挙にくつがえりました。怒濤《どとう》の勢いの反乱軍は長安を占拠。玄宗や楊貴妃、楊国忠《ようこくちゅう》をはじめ、王室の主だった人々は、現在の四川省《しせんしょう》にあたる蜀《しょく》に逃亡します。

ところが、不空はどこへも逃げませんでした。反乱軍が占拠する長安にとどまりつづけ、まさに命をかけて、護国の修法《しゅほう》をいとなみつづけたのです。この行為が、不空をやがて宗教界の最高位に持ち上げることになります。

広徳《こうとく》元年（七六三）、大反乱はやっと終息しました。足かけ九年にも及ぶ長い時間でした。この間に、皇帝は玄宗から粛宗《しゅくそう》へ、さらに代宗《だいそう》へと代替わりしましたが、不空はいくたびも宮中で皇帝と国家の守護のために修法をいとなみ、歴代の皇帝から厚い信頼をもたれるにいたっていたのです。

代宗の永泰《えいたい》元年（七六五）には、長年の功に報いるためとして、不空に特進試《とくしんし》鴻《こう》臚卿《ろきょう》の官位と大広智《だいこうち》三蔵《さんぞう》の称号があたえられました。ここに不空は、名実ともに、唐の宗教界に君臨することとなったのです。時に不空は六一歳。その卓越した能力を考えれば、不遇と雌伏の時代は、思いのほか、長かったというべきかもしれません。

以後、七〇歳で大興善寺《だいこうぜんじ》に入寂するまで、不空の活動は多忙をきわめました。その死は破格の栄誉をもって悼《いた》まれ、代宗は政務を三日間、とりやめたほどです。
ちなみに、不空は三蔵法師《さんぞうほうし》の一人です。三蔵法師というと、固有名詞と思っている方がいるようですが、それはちがいます。経と律と論、つまり経典の正しい伝承と僧侶として守らなければならない規律と仏教の教義に、ことごとく精通する僧侶を、三蔵法師とよんだのです。

さらに、中国では、インドから輸入されてきた経と律と論の三部門の原点を、中国語（漢文）に翻訳した僧侶を、三蔵法師とよぶ伝統がありました。そのなかでも飛び抜けて有名なのが、『大唐西域記《だいとうさいいきき》』を書いた玄奘《げんじょう》三蔵（六〇二〜六六四）です。孫悟空《そんごくう》が縦横無尽の大活躍をする『西遊記』に、孫悟空のお師匠さまとして、三蔵法師の名前で登場する人物、正確にはその人物のモデルとなった僧侶です。ただ「三蔵法師」という場合は、まずまちがいなく玄奘をさしているほど有名です。不空は、おそらくその次くらいに有名な三蔵法師だったと思います。

不空の人格は、僧侶として理想的なものだったと伝えられます。私利私欲は一切なく、ひたすら国と衆生のために、生涯を費やしました。その凄まじいまでの勇猛心は、反乱軍が占拠する長安で、長きにわたり護国の修法をつづけた事実から、十二分に推しはかれます。

そうかといって、不空はけっして豪毅《ごうき》なだけの人ではありませんでした。残された遺書を読めば、最下級の使用人にまで配慮のゆきとどかぬ点とてなく、身分を問わず、あまたの人々から尊敬されたゆえんが、よくわかります。そして、なによりも目立つのは、禁欲的な僧侶としての聖なる世界と、しかし生きている以上は逃れようのない世俗の世界を、みごとに両立できた点でしょう。このあたりは空海の生き方と共通していて、空海が不空を密教僧の理想像とみなし、すぐれたモデルとして真似た可能性は、じゅうぶんに考えられます。

『理趣経』と不空

不空が翻訳した密教経典は、膨大な数にのぼります。なかでも、真言密教において、善無畏《ぜんむい》というインド人の僧侶が翻訳した『大日経』とともに、両部の大経としてあがめつづけられてきた『金剛頂経』を翻訳したことは、もっとも大きな功績です。じつは、『金剛頂経』の翻訳は、不空の師であった金剛智もおこなっていましたが、原典そのものが未完成の状態だったので、その翻訳も完全とはいえませんでした。ですから、いわゆる決定版を翻訳したのが、不空だったということになります。

正確を期せば、『金剛頂経』はその後も拡大化し、最終的には大部の経典に発展しました。したがって、不空の翻訳した『金剛頂経』は最終版とはいえませんが、日本の密教界では不空訳の『金剛頂経』を決定版とみなし、教義を築きあげてきた歴史があります。

その不空が翻訳した、もう一つの最重要経典が『理趣経』です。『理趣経』を翻訳するにさいして、不空はたいそう慎重な態度をたもちました。なぜなら、『理趣経』には性の快楽を肯定するような文言をはじめ、真意をうけとりそこねると、とんでもない結果をまねきかねない内容が多々ふくまれていたからです。

この問題について、不空は、こういう対応を講じました。まず、『理趣経』は資質に恵まれた者だけに伝授し、それ以外の者には絶対に学ばせてはならないこと。さらに『理趣経』を学ぶ場合は、翻訳にあたって不空自身が書きとめた『大楽金剛《だいらくこんごう》不空《ふくう》真実《しんじつ》三昧耶《さんまや》経《きょう》般若《はんにゃ》波羅蜜多《はらみった》理趣釈《りしゅしゃく》』、略して『理趣釈経』もしくは『理趣釈』という注釈書を必ず参照すること。以上を、必須《ひっす》の条件としたのです。

密教経典は、そこに書かれている文言をそのまま読んだだけでは、真意は理解できません。そういうふうに、もともと書かれているからです。したがって、注釈書が欠かせないのです。とくに『理趣経』にはその傾向が顕著です。

『理趣経』をめぐる空海と最澄の葛藤

不空の危惧《きぐ》は、日本においてあらわになりました。平安時代の初期、日本仏教のゆくすえを決定づけたと評される空海と最澄が、仲違《なかたが》いをしました。その原因こそ、『理趣経』だったのです。

ともに唐に留学した空海と最澄が、ある時期、仲良く交友していたことは、ご存じと思います。当時、唐でも、その影響を色濃くうけざるをえなかった日本でも、最先端をいく精神文化は密教でした。

最澄はもともと『法華経』信仰を中心に位置づけていましたので、唐に行っても、密教の勉強はあくまで副次的でした。帰国してみると、時代のトレンドはあきらかに密教です。これはうまくない！　と思ったのかどうかはわかりませんが、二人の交友がはじまると、最澄は空海から密教をさかんに学びだしました。それはずいぶん徹底したもので、自分よりも年下の空海を師として、いいかえれば空海の弟子として、最澄は密教を学んだのです。

事実、空海から、さまざまな密教経典を借りては、読んでいます。また、じかに会って、教えを請うています。空海は、できるかぎり丁寧に接したようです。

しかし、交友が深まれば深まるほど、二人の考え方のちがいも、目立ってこざるをえませんでした。空海は、密教こそが最高の教えであって、他はなく、密教のみという立場です。いっぽう最澄は、『法華経』の思想と密教をなんとか融合させて、両立させたいと願っていました。こういう最澄の考えは、空海にすれば、矛盾していて、とうてい成り立ちません。

二人の仲が破局をむかえた直接のきっかけは、弘仁《こうにん》四年（八一三）一一月、最澄が弟子を通じて、『理趣釈経』その他を借りたいと申し出たのにたいし、空海がにべもなく断った事件でした。

歴史の皮肉というしかないことに、『理趣経』を日本に初めてもたらしたのは、空海ではなく、最澄だったのです。しかし、最澄は『理趣釈経』は持ち帰りませんでした。入手できなかったのかもしれません。唐でも『理趣釈経』は最秘とされていましたから、師の恵果《けいか》を介して不空とつながる空海でなければ、入手できなかった可能性が高いのです。

最澄も『理趣経』をひもといて、そのあまりな内容に驚いたにちがいありません。そのままでは、とても使えたものではない。是が非でも、『理趣釈経』を読まなければならない。そう思ったはずです。こういう事情を考えれば、最澄が『理趣釈経』を読みたがった気持ちは、よくわかります。

最澄は、『理趣釈経』さえ読むことができれば、『理趣経』は理解できると考えたようです。ところが、空海はそうは思いませんでした。そもそも最澄は、密教を文字によって修得できるとみなしている。これが、空海には絶対に認められなかったのです。空海にいわせれば、「密蔵は深玄にして翰墨《かんぼく》に載せ難し（密教はまことに深遠であって、言葉や文字では伝えられない）」（『請来《しょうらい》目録』）なのですから。

空海は最澄に、『理趣釈経』はお貸しできないと断りの返答を出しました。いわく、「秘蔵の奥旨は文の得ることを貴しとせず。唯心を以て心に伝うるに在り。文はこれ糟粕《そうはく》なり、文はこれ瓦礫《がれき》なり。糟粕瓦礫を受くれば、則ち粋実至実を失う。真を棄てて偽を拾ふは、愚人の法なり」（『性霊　集補闕鈔《しょうりょうしゅうほけつしょう》』巻第十「叡山の澄法師の理趣釈経を求むるに答する書」）。

つまり、密教の奥義は、言葉では獲得できないのです。ただただ心から心へと伝えるのみなのです。言葉は糟《かす》です。言葉は瓦礫です。糟や瓦礫にたよれば、真実を失います。真実を棄てて、偽物を拾うのは、愚かな人のすることです……。

言外に、最澄さんよ、あなたのしていることは、まさに愚人の行為だ。だから、『理趣釈経』を、貸せるわけがない……。そんなニュアンスが込められています。

そこまでいわれては、最澄の立つ瀬がありません。しかも、いくら頼んでも、『理趣釈経』を貸してくれません。さすがに悔しかったのか、最澄は『依憑天台集《えひょうてんだいしゅう》』という自著のなかで、こう愚痴っています。「新来の真言家、すなわち筆受の相承を亡泯《ぼうびん》す」。つまり、最近売り出し中の真言密教の某人物は、文字をもって真理を伝えるという相承のかたちを滅ぼしてしまった……。

こうして、二大偉人の交友は終焉《しゅうえん》を迎えました。その原因が『理趣経』にあった事実は、この経典のもつ特別な地位を、如実に物語っています。

理趣経　現代語訳

序説

如《じょ》是《し》我《が》聞《ぶん》。一《いッ》時《し》薄《ふあ》伽《きゃ》梵《ふあん》。成《せい》就《しゅ》殊《しゅ》勝《しょう》一《いッ》切《せい》如《じょ》来《らい》。金《きん》剛《こう》加《か》持《ち》三《さん》摩《ま》耶《や》智《ち》。已《い》得《とく》一《いッ》切《せい》如《じょ》来《らい》灌《かん》頂《でい》宝《ほう》冠《かん》為《い》三《さん》界《かい》主《しゅ》。已《い》証《しょう》一《いッ》切《せい》如《じょ》来《らい》。一《いッ》切《せい》智《ち》智《ち》瑜《ゆ》伽《きゃ》自《し》在《さい》。能《のう》作《さく》一《いッ》切《せい》如《じょ》来《らい》。一《いッ》切《せい》印《いん》平《ぺい》等《とう》種《しょう》種《じょう》事《し》業《ぎょう》。於《よ》無《ぶ》尽《しん》無《ぶ》余《よ》一《いッ》切《せい》衆《しゅう》生《せい》界《かい》。一《いッ》切《せい》意《い》願《げん》作《さく》業《ぎょう》。皆《かい》悉《しッ》円《てん》満《まん》。常《しょう》恒《こう》三《さん》世《せ》。一《いッ》切《せい》時《し》身《しん》語《ぎょ》意《い》業《ぎょう》。金《きん》剛《こう》大《たい》毘《ひ》盧《ろ》遮《しゃ》那《だ》如《じょ》来《らい》。在《さい》於《よ》欲《よッ》界《かい》他《た》化《か》自《し》在《さい》天《てん》王《のう》宮《きゅう》中《ちゅう》。一《いッ》切《せい》如《じょ》来《らい》常《しょう》所《そ》遊《ゆう》処《しょ》吉《きッ》祥《しょう》称《しょう》歎《たん》。大《たい》摩《ま》尼《じ》殿《てん》。種《しょう》種《じょう》間《かん》錯《さく》。鈴《れい》鐸《たく》繒《そう》幡《ばん》微《び》風《ふう》揺《よう》撃《げき》。珠《しゅ》鬘《まん》瓔《えい》珞《らく》半《はん》満《まん》月《げっ》等《とう》而《じ》為《い》荘《そう》厳《げん》。与《よ》八《はッ》十《しゅう》倶《く》胝《ち》菩《ほ》薩《さッ》衆《しゅう》倶《く》。所《そ》謂《い》。金《きん》剛《こう》手《しゅ》菩《ほ》薩《さん》摩《ば》訶《か》薩《さ》。観《かん》自《し》在《さい》菩《ほ》薩《さん》摩《ば》訶《か》薩《さ》。虚《きょ》空《こう》蔵《そう》菩《ほ》薩《さん》摩《ば》訶《か》薩《さ》。金《きん》剛《こう》拳《けん》菩《ほ》薩《さん》摩《ば》訶《か》薩《さ》。文《ぶん》殊《じゅ》師《し》利《り》菩《ほ》薩《さん》摩《ば》訶《か》薩《さ》。纔《さい》発《はッ》心《しん》転《てん》法《ぼう》輪《りん》菩《ほ》薩《さん》摩《ば》訶《か》薩《さ》。虚《きょ》空《こう》庫《こ》菩《ほ》薩《さん》摩《ば》訶《か》薩《さ》。摧《さい》一《いッ》切《せい》魔《ま》菩《ほ》薩《さん》摩《ば》訶《か》薩《さ》。与《よ》如《じょ》是《し》等《とう》大《だい》菩《ほ》薩《さッ》衆《しゅう》。恭《きょう》敬《けい》囲《い》繞《じょう》而《じ》為《い》説《せッ》法《ぽう》。初《そ》中《ちゅう》後《こう》善《ぜん》文《ぶん》義《ぎ》巧《こう》妙《びょう》。純《しゅん》一《にち》円《えん》満《まん》清《せい》浄《せい》潔《けッ》白《ぱく》。

序説と大楽の法門（序説、ならびに大いなる快楽は悟りに通じるという教え）

序説

【現代語訳】

私はこのように聞いたのです。

それは、無限の時間の流れのなかの出来事でありました。

尊き大日如来《だいにちにょらい》は、このうえなく優れたすべての如来たちがもつ、ダイヤモンドのごとき永遠不滅の菩提心《ぼだいしん》から生じた曼荼羅《まんだら》の智恵を得て、全宇宙の精神界に君臨する法王であることを象徴する宝冠を、すべての如来たちから授けられたのです。

大日如来は、すべての如来たちがもつすべての智恵を得て、この世の実相を観察する瞑想《めいそう》を、思うがままに成就されました。すべての如来たちがおこなうすべての活動の根源となる智恵を得て、いろいろな活動をなさり、全宇宙の生きとし生けるものすべてが心に願うことを、ひとつ残らず実現されました。

かくして大日如来は、過去・現在・未来にわたって、変わることなく常に存在しつづけ、その身体と言語と精神の活動が、ダイヤモンドのごとく、永遠不滅の大毘《だいび》盧《る》遮那《しゃな》如来《にょらい》となられたのでした。

その大日如来が、欲界の頂上にある他化自在《たけじざい》天《てん》の王宮にいらっしゃいました。

その王宮というのは、すべての如来たちが常に遊戯《ゆげ》し安住するところで、「こんな豪華絢爛《けんらん》たるところはほかにはない！」と誰もが賛辞を惜しまない、それはそれは大きな摩尼《まに》宝珠《ほうしゅ》で荘《しょう》厳《ごん》されておりました。

大毘盧遮那如来

いたるところにさまざまな種類の珍宝がちりばめられて輝き、場所によっては黄金の鈴や宝石の風鐸《ふうたく》や、あるいは小さな鈴のついた絹のカーテンがかけられていて、微風が吹くたびに揺れ、妙《たえ》なる音を立てるのでした。また、宝珠をまるく輪にした珠鬘《しゅまん》という装飾、大きな宝珠をまんなかに飾った瓔珞《ようらく》、両端に宝珠を飾った半瓔珞、月をかたどった鏡なども、荘厳されておりました。

このようなところに、大日如来は、八〇億もの菩薩《ぼさつ》たちといっしょにおられました。その菩薩たちの主だった者は、金剛手菩薩《こんごうしゅぼさつ》、観自在菩薩《かんじざいぼさつ》、虚空蔵菩薩《こくうぞうぼさつ》、金剛拳《こんごうけん》菩薩《ぼさつ》、文殊師利菩薩《もんじゅしりぼさつ》、纔発心転法輪菩薩《ざいはっしんてんぼうりんぼさつ》、虚空庫菩薩《こくうこぼさつ》、摧一切魔菩薩《ざいいっさいまぼさつ》の八大菩薩でした。これらの菩薩たちにかこまれて、大日如来は正法《しょうぼう》をお説きになったのです。その正法というのは、始めの部分も良く、中ほどの部分も良く、終わりの部分も良く、言葉巧みで、意味は真理をきわめ、すべてにゆきとどき、純一、円満、清浄《しょうじょう》、潔白なものなのです。

初段

説《せ》一切法《いッせいほう》清浄《せいせい》句門《くもん》。所謂《そい》。妙適《びょうてき》清浄《せいせい》句是菩薩位《くしほさい》。欲箭《よくせん》清浄《せいせい》句是菩薩位《くしほさい》。触《そく》清浄《せいせい》句是菩薩位《くしほさい》。愛縛《あいはく》清浄《せいせい》句是菩薩位《くしほさい》。一切自在主《いッせいしさいしゅ》清浄《せいせい》句是菩薩位《くしほさい》。見《けん》清浄《せいせい》句是菩薩位《くしほさい》。適悦《てきえッ》清浄《せいせい》句是菩薩位《くしほさい》。愛《あい》清浄《せいせい》句是菩薩位《くしほさい》。慢《まん》清浄《せいせい》句是菩薩位《くしほさい》。荘厳《そうげん》清浄《せいせい》句是菩薩位《くしほさい》。意滋沢《いしたく》清浄《せいせい》句是菩薩位《くしほさい》。光明《こうべい》清浄《せいせい》句是菩薩位《くしほさい》。身楽《しんらく》清浄《せいせい》句是菩薩位《くしほさい》。色《しょく》清浄《せいせい》句是菩薩位《くしほさい》。声《せい》清浄《せいせい》句是菩薩位《くしほさい》。香《きょう》清浄《せいせい》句是菩薩位《くしほさい》。味《び》清浄《せいせい》句是菩薩位《くしほさい》。何以故《かいこ》。一切法《いッせいほう》自性《し》清浄故《せいせいせいこ》。般若波羅蜜多《はんじゃはらびた》清浄《せいせい》。金剛手《きんこうしゅ》。

若《じゃく》有《ゆう》聞《ぶん》此《し》清《せい》浄《せい》出《しゅッ》生《せい》句《く》般《はん》若《じゃ》理《り》趣《しゅ》。乃《だい》至《し》菩《ほ》提《てい》道《とう》場《ちょう》。一《いッ》切《せい》蓋《かい》障《しょう》。及《きゅう》煩《はん》悩《だッ》障《しょう》法《はッ》障《しょう》業《げッ》障《しょう》設《せッ》広《こう》積《せき》習《しゅう》。必《ひッ》不《ぷ》堕《た》於《よ》地《ち》獄《ぎょく》等《とう》趣《しゅ》。設《せッ》作《さく》重《ちょう》罪《さい》消《しょう》滅《べッ》不《ぷ》難《なん》。若《じゃく》能《のう》受《しゅ》持《ち》日《じつ》日《じッ》。読《とく》誦《しょう》作《さく》意《い》思《し》惟《い》。即《そく》於《よ》現《けん》生《せい》証《しょう》。一《いッ》切《せい》法《ほう》平《へい》等《とう》金《きん》剛《こう》三《さん》摩《ま》地《ち》。於《よ》一《いッ》切《せい》法《ほう》皆《かい》得《とく》自《し》在《さい》。受《しゅ》於《よ》無《ぶ》量《りょう》適《てき》悦《えッ》歓《かん》喜《ぎ》。以《い》十《しゅう》六《りく》大《たい》菩《ほ》薩《さッ》生《せい》。獲《かく》得《とく》如《じょ》来《らい》執《しゅう》金《きん》剛《こう》位《い》。時《し》薄《ふあ》伽《きや》梵《ふあん》。一《いッ》切《せい》如《じょ》来《らい》大《たい》乗《しょう》現《けん》証《しょう》三《さん》摩《ま》耶《や》。一《いッ》切《せい》曼《まん》荼《た》羅《ら》持《ち》金《きん》剛《こう》勝《しょう》薩《さッ》埵《た》。於《よ》三《さん》界《かい》中《ちゅう》調《ちょう》伏《ふく》無《ぶ》余《よ》。一《いッ》切《せい》義《ぎ》成《せい》就《しゅ》金《きん》剛《こう》手《しゅ》菩《ほ》薩《さん》摩《ば》訶《か》薩《さ》。為《い》欲《よ》重《ちょう》顕《おん》明《び》此《し》義《い》故《こ》。熙《き》怡《い》微《び》笑《しょう》左《さ》手《しゅ》作《さ》金《きん》剛《こう》慢《まん》印《にん》。右《ゆう》手《しゅ》抽《ちゅう》擲《てき》本《ほん》初《そ》大《たい》金《きん》剛《こう》作《さく》勇《ゆう》進《しん》勢《せい》。説《せッ》大《たい》楽《ら》金《きん》剛《こう》不《ふ》空《こう》三《さん》摩《ま》耶《や》心《しん》。

初段

こうして、大日如来は、この世のありとあらゆる存在も行為も、その本性がことごとく清浄であるという真理を、お説きになったのです。

性愛の快楽は、その本性が清浄なのですから、菩薩の境地そのものなのです。

性愛の快楽を得ようとする欲望は、その本性が清浄なのですから、菩薩の境地そのものなのです。

男女が抱き合う行為は、その本性が清浄なのですから、菩薩の境地そのものなのです。

男女が離れがたく思う心は、その本性が清浄なのですから、菩薩の境地そのものなのです。

思い叶《かな》って満足し、自分には何でもできると信じ込む心境は、その本性が清浄なのですから、菩薩の境地そのものなのです。

欲心を秘め異性を見て歓《よろこ》びを感じる心は、その本性が清浄なのですから、菩薩の境地そのものなのです。

男女が性行為をして味わう快感は、その本性が清浄なのですから、菩薩の境地そのものなのです。

性行為を終えて男女が離れがたく思う愛情は、その本性が清浄なのですから、菩薩の境地そのものなのです。

男女が性行為を終えて、世界の主になったような気分にひたる満足感は、その本性が清浄なのですから、菩薩の境地そのものなのです。

自分の外観を美しく飾る行為は、その本性が清浄なのですから、菩薩の境地そのものなのです。

心を満ち足りた状態にする行為は、その本性が清浄なのですから、菩薩の境地そのものなのです。

自分を光り輝く状態にする行為は、その本性が清浄なのですから、菩薩の境地そのものなのです。

身体を安楽な状態にする行為は、その本性が清浄なのですから、菩薩の境地そのものなのです。

この世のすべての色形あるものは、その本性が清浄なのですから、菩薩の境地そのものなのです。

この世のすべての音声は、その本性が清浄なのですから、菩薩の境地そのものなのです。

この世のすべての香は、その本性が清浄なのですから、菩薩の境地そのものなのです。

この世のすべての味は、その本性が清浄なのですから、菩薩の境地そのものなのです。

そもそも、なぜ、この世のすべての感情も行為も存在も、ことごとく清浄なのか。その理由は、この世のすべての感情も行為も存在も、その本性が清浄なのですから、この世のすべてをありのままに見抜く悟りも智恵もまた清浄なのです。

金剛手よ、誰であろうと、もしも性の快楽をはじめ、もろもろの感情も行為も存在も、その本性が清浄だという悟りを生み出す智恵の教えを、聞く機会があるならば、その人はありとあらゆる心の汚れを浄《きよ》められるのです。

したがって、悟りを求めて修行にはげむ過程において、無知という障害があろうとも、煩悩という障害があろうとも、正法《しょうぼう》を聞けないという障害があろうとも、前世から引き継いだ重い罪という障害があろうとも、さらにはこれらがみな重なっているとしても、絶対に地獄に堕《お》ちたりはしません。たとえ重い罪をつくろうとも、それを消滅させることは、けっして難しくありません。

ましてや、この教えを心にとめて忘れないようにし、毎日毎夜に読誦《どくじゅ》し暗唱し、絶えず思うならば、この世で生きているうちに、ありとあらゆることがらの本性を見抜き、この世のすべての感情も行為も存在も、あるいは森羅万象も、みな差別な

金剛薩埵

く等しく、光り輝いているという、ダイヤモンドのごとき永遠不滅の境地に到達できるのです。その結果、この世のかりそめのすがたかたちに惑わされることなく、自在に駆使する力を得て、絶対的な自由を体得し、無限の歓びを満喫できるのです。

　そうなれば、十六大菩薩の功徳をすべてわがものとする十六大菩薩生という段階に達し、ひいては大日如来あるいは金剛薩埵《こんごうさった》の位を得られるのです。

　こう如来が語り終えると、金剛手菩薩（金剛薩埵）が登場なさいました。

　この菩薩は、尊き大日如来をはじめ、すべての如来たちの大乗の境地をことごとく体現するお方です。金剛界曼荼羅をはじめ、すべての曼荼羅で活動しているもろもろの菩薩のなかでも抜群に優れたお方です。しかも、ヒンドゥー教のシヴァ神のような、仏教の邪魔をする難敵をかたっぱしから討ち破ったうえで、みごと悟りへみちびいた経歴の持ち主です。さらには、この世の生きとし生けるものすべての願いをかなえてくれるお方です。

その金剛手菩薩が、大日如来のお説きになった大楽の教えを、もう一度、一文字の真言に込める意義を説こうとなさいました。

金剛手菩薩は、お顔に微笑をたたえ、左手に金剛慢《こんごうまん》の印をむすび、右手に如来の五智を象徴する五鈷杵《ごこしょ》をもって勇敢に進む姿勢をしめされたのです。

そのうえで、永遠不滅の大楽の境地を、生きとし生けるものすべてに必ずあたえようという誓いをあらわすために、一文字の真言「ウン」を、お唱えになりました。

第二段

時《し》薄《ふあ》伽《きや》梵《ふあん》毘《ひ》盧《ろ》遮《しや》那《だ》如来《じょらい》。復《ふッ》説《せ》一切《いッせい》如来《じょらい》。寂静《せきせい》法性《はッせい》現等覚《けんとうかく》出《しゅッ》生《せい》般若《はんじや》理《り》趣《しゅ》。所《そ》謂《い》。金剛平等《きんこうへいとう》。現等覚《けんとうかく》以《い》大《たい》菩《ほ》提《てい》金剛《きんこう》堅固《けんこ》故《こ》。義平等《ぎへいとう》。現等覚《けんとうかく》以《い》大《たい》菩《ほ》提《てい》一《いち》義《ぎ》利《り》故《こ》。法平等《ほうへいとう》。現等覚《けんとうかく》以《い》大《たい》菩《ほ》提《てい》自性《しせい》清浄《せいせい》故《こ》。一切業《いッせいげッ》平等《ぺいとう》。現等覚《けんとうかく》以《い》大《たい》菩《ほ》提《てい》一切《いッせい》分別《ふんべつ》。無《ぶ》分別《ふんベツ》性《せい》故《こ》。金剛手《きんこうしゅ》。若《じゃく》有《ゆう》聞《ぶん》此《し》四《し》出生《しゅッせい》法《ほう》読《とく》誦《しょう》受持《しゅち》。設使《せッし》現行《けんこう》無量《ぶりょう》重罪《ちょうさい》。必《ひつ》能《のう》超越《ちょうえつ》一切《いッせい》悪趣《あくしゅ》。乃至《だいし》当《とう》坐《さ》菩提《ほてい》道場《とうちょう》。速《そく》能《のう》剋証《こくしょう》無上《ぶしょう》正覚《せいかく》。時《し》薄伽梵《ふぁきゃふぁん》如是《じょし》説已《せツち》。欲《よ》重《ちょう》顕明《おんび》此《し》義《い》故《こ》。熙怡《きい》微笑《びしょう》持《ち》智拳印《ちけんにん》。説《せ》一切《いッせい》法《ほう》自性《しせい》平等《へいとう》心《しん》。

第二段

証悟の法門（完全な悟りの境地を明らかにする教え）

【現代語訳】

大楽の教えを説き終わったとき、尊き大日如来は、ここでふたたび、ありとあらゆる悩みや苦しみ、あるいはわずらいなどから解放された、完全な悟りの境地が、いったいどのようなものかを明らかにする智恵の教えをお説きになりました。

完全な悟りとは、金剛平等《こんごうびょうどう》の悟りにほかなりません。なぜ、それを金剛平等の悟りというのでしょうか。その理由は、大日如来の広大無辺の悟りは、私情のうえに生じる差別と不平等の妄念とは無縁であり、あたかもダイヤモンドのごとく、堅固だからです。

また、その完全な悟りは、義平等《ぎびょうどう》の悟りとも呼ばれます。その理由は、大日如来の広大無辺の悟りは、大いなる慈悲の心が根源となり、生きとし生けるものすべてを救うために、はたらくからです。

さらに、その悟りは、法平等《ほうびょうどう》の悟りでもあるのです。その理由は、大日如来の広大無辺の悟りは、その本性が清浄なために、同じく清浄なこの世のありとあらゆる存在や行為に、あまねくゆきわたるからなのです。

その悟りは、業平等《ごうびょうどう》の悟りでもあります。その理由は、大日如来の広大無辺の悟りは、この世のありとあらゆる存在や行為を、正確に観察して正確に判断しつつも、その判断は私情とは無縁であり、いわゆる分別をはるかに超える、いわば超分別のはたらきだからなのです。

金剛界大日如来

金剛手よ、誰であろうと、もしも悟りの四つの領域を明らかにする教えを聞いて、心にとめて忘れないようにし、毎日毎夜に読誦し暗唱するなどの十の修行をおこなうならば、たとえ比類ない重い罪を犯そうとも、この教えのおかげですべての心の汚れを浄められ、絶対に地獄に堕ちたりはしません。それどころか、最高の修行の場に坐《ざ》して、無上の悟りを開くことができるのです。

こう説き終わると、大日如来は悟りの内容を、もう一度、一文字の真言に込めようとされました。お顔をやわらげ、微笑しつつ、両手に完全な悟りを象徴する智拳印《ちけんいん》をむすばれました。そのうえで、口に四つの領域からなる完全な悟りをあらわすために、一文字の真言「アク」を、お唱えになりました。

第三段

時《し》調《ちょう》伏《ふく》難《なん》調《じょう》釈《せい》迦《きゃ》牟《ぼう》尼《ち》如《じょ》来《らい》。復《ふっ》説《せ》一《いっ》切《せい》法《ほう》平《へい》等《とう》。最《さい》勝《しょう》出《しゅっ》生《せい》般《はん》若《じゃ》理《り》趣《しゅ》。所《そ》謂《い》。欲《よく》無《ぶ》戯《き》論《ろん》性《せい》故《こ》瞋《しん》無《ぶ》戯《き》論《ろん》性《せい》。瞋《しん》無《ぶ》戯《き》論《ろん》性《せい》故《こ》痴《ち》無《ぶ》戯《き》論《ろん》性《せい》。痴《ち》無《ぶ》戯《き》論《ろん》性《せい》故《こ》一《いっ》切《せい》法《ほう》無《ぶ》戯《き》論《ろん》性《せい》。一《いっ》切《せい》法《ほう》無《ぶ》戯《き》論《ろん》性《せい》故《こ》。応《よう》知《ち》般《はん》若《じゃ》波《は》羅《ら》蜜《び》多《た》無《ぶ》戯《き》論《ろん》性《せい》金《きん》剛《こう》手《しゅ》。若《じゃく》有《ゆう》聞《ぶん》此《し》理《り》趣《しゅ》受《しゅ》持《ち》。読《とく》誦《しょう》。設《せっ》害《かい》三《さん》界《かい》一《いっ》切《せい》有《ゆう》情《せい》。不《ふ》堕《だ》悪《あく》趣《しゅ》。為《い》調《ちょう》伏《ふっ》故《こ》。疾《しっ》証《しょう》無《ぶ》上《じょう》正《せい》等《とう》菩《ほ》提《てい》。時《し》金《きん》剛《こう》手《しゅ》大《たい》菩《ほ》薩《さ》。欲《よ》重《ちょう》顕《おん》明《び》此《し》義《い》故《こ》。持《ち》降《こう》三《さん》世《せ》印《いん》。以《に》蓮《れん》華《か》面《めん》。微《び》笑《しょう》而《じ》怒《と》顰《ひん》眉《び》猛《もう》視《し》。利《り》牙《か》出《しゅつ》現《げん》住《ちゅう》降《こう》伏《ふく》立《りっ》相《しょう》。説《せっ》此《し》金《きん》剛《こう》吽《うん》迦《きゃ》羅《ら》心《しん》。

第三段

降伏《ごうぶく》の法門（邪悪で救いがたい者どもを討ち破って悟りへみちびく教え）

【現代語訳】

ついで、邪悪で救いがたい者どもを討ち破って悟りへみちびくために、尊き大日如来は釈迦牟尼如来《しゃかむににょらい》の悟りの境地に入り、さらに釈迦牟尼如来は降三世明王《ごうざんぜみょうおう》に変身されました。そして、すべての存在や行為は、どのような意味においても両極端を離れ、絶対的に平等であるという認識にもとづいて、ありとあらゆる邪悪に打ち勝つ智恵を、お説きになりました。

欲望は、その本性をよくよく観察すれば、善とか悪とかいう分別を超えるものなのです。

そんな欲望から生じる怒りもまた、その本性をよくよく観察すれば、善とか悪とかいう分別を超えるものなのです。

欲望も怒りもそうなのですから、欲望や怒りから生じる愚かしさもまた、その本性をよくよく観察すれば、善とか悪とかいう分別を超えるものなのです。

欲望も怒りも愚かしさもそうなのですから、欲望や怒りや愚かしさから生じるありとあらゆる思いや行為もまた、その本性をよくよく観察すれば、善とか悪とかいう分別を超えるものなのです。

ありとあらゆる思いや行為もそうなのですから、この世をつらぬく絶対の真理もまた、その本性をよくよく観察すれば、善とか悪とかいう分別を超えるものなのです。

したがって、欲望も怒りも愚かしさも、自我意識から解放されて、自在に駆使できるならば、大いなる善の力を生み出し、ありとあらゆる邪悪に打ち勝つことができるのです。

金剛手よ、誰であろうと、もしこの教えを心にとめて忘れないようにし、読誦するならば、その人は、たとえ全宇宙の生きとし生けるものことごとくを殺害するようなことをしても、絶対に地獄に堕ちたりはしないのです。それどころか、欲望と怒りと愚かしさという煩悩を克服し、真理に目覚める結果をまねいて、すみやかに無上の悟りを得られるのです。

降三世明王

大日如来がこう説き終えられると、この説教を聞いていた金剛手菩薩は、さらに重ねて大日如来のお説きになった真理を、もっとはっきり眼に見えるかたちで、明らかにしようとされました。

みずから降三世明王に変身して、両手に降三世の印をむすび、蓮《はす》の花のように美しいお顔に微笑を浮かべ、しかも怒りの形相凄《すさ》まじく、眉《まゆ》をひそめて両眼でにらみつけ、鋭い歯を食いしばり、ありとあらゆる邪悪な者どもを討ち破る姿で、お立ちになったのです。

　そのうえで、このダイヤモンドのごとき至高の怒りをあらわすために、一文字の真言「ウン」を、お唱えになりました。

第四段

時薄伽梵《ふあきやふあん》 得《とく》自性《しせい》清浄《せいせい》法性《はツせい》如来《じよらい》。復《ふツ》説《せ》一切《いツせい》法《ほう》平等《へいとう》。観自在《かんしさい》智印《ちいん》 出生《しゆツせい》般若《はんじや》理趣《りしゆ》。
所謂《そい》。世間《せかん》一切《いツせい》欲《よく》清浄《せいせい》故《こ》。即《そく》一切《いツせい》瞋《しん》清浄《せいせい》。世間《せかん》一切《いツせい》垢《こう》。清浄《せいせい》故《こ》即《そく》一切《いツせい》罪《さい》清浄《せいせい》。
世間《せかん》一切《いツせい》法《ほう》清浄《せいせい》故《こ》。即《そく》一切《いツせい》有情《ゆうせい》清浄《せいせい》。世間《せかん》一切《いツせい》智智《ちち》清浄《せいせい》故《こ》。即《そく》般若《はんじや》波羅蜜多《はらびた》
清浄《せいせい》。金剛手《きんこうしゆ》。若《じやく》 有《ゆう》聞《ぶん》此《し》理趣《りしゆ》受持《しゆち》読《とく》 誦《しよう》 作《さく》意《い》思《し》惟《い》。設《せツ》 住《ちゆう》 諸《しよ》欲《よく》猶《ゆう》如《じよ》蓮華《れんか》。不《ふ》
為《い》客《かく》塵《ちん》諸《しよ》垢《こう》所《そ》染《ぜん》。疾《しツ》 証《しよう》 無《ぶ》 上《しよう》正《せい》等《とう》菩《ほ》提《てい》。時《し》薄伽梵《ふあきやふあん》。観自在《かんしさい》大《たい》菩《ほ》薩《さ》欲《よ》 重《ちよう》 顕《おん》明《び》

此《し》義《い》故《こ》。熙《き》怡《い》微《び》笑《しょう》。作《さッ》開《かい》敷《ふ》蓮《れん》華《か》勢《せい》観《かん》欲《よく》不《ふ》染《ぜん》。説《せ》一《いッ》切《せい》群《きん》生《せい》。種《しょう》種《じょう》色《しょく》心《しん》。

第四段

観照の法門（真理をありのままに見抜く教え）

【現代語訳】

ついで、尊き大日如来は、この世のありとあらゆる存在や行為は、その本性が清浄であるという真理を、ありのままに見抜いて、観《かん》自《じ》在《ざい》王《おう》如《にょ》来《らい》に変身されました。そして、すべての存在や行為は、どのような意味においても両極端を離れ、絶対的に平等であるという真理を、自在に見抜く智恵を生み出し明らかにする教えを、お説きになったのでした。

ありとあらゆる欲望は、その本性が清浄なのですから、ありとあらゆる怒りは、

観自在菩薩

その本性が清浄なのです。

愚かさが生み出すありとあらゆる心の汚れは、その本性が清浄なのですから、ありとあらゆる罪もまた清浄なのです。

この世のありとあらゆる存在や行為は、その本性が清浄なのですから、この世の生きとし生けるものもまた清浄なのです。

この世のありとあらゆる真理をすべて見抜く智恵は、その本性が清浄なのですから、究極の智恵もまた清浄なのです。

金剛手よ、誰であろうと、もしこの教えを心にとめて忘れないようにし、読誦し、深く思いつづけるならば、たとえもろもろの欲望にまみれようとも、蓮が汚泥のなかにあってもけっして汚れず、美しい花を咲かせるように、すみやかに無上の悟りを得られるのです。

観自在王如来がこう説き終えられると、この説教を聞いていた観自在菩薩は、この真理をありのままに見抜く教えを、さらに重ねて明らかにしようとされました。

お顔をやわらげて微笑し、左手にもった蓮の花のつぼみを、右手で開こうとする姿勢をしめして、欲望が汚れなきことを見抜き、この世のいろとりどりの心をもつ生きとし生けるものすべてもまた、なんら汚れなきことをお説きになったのです。

そのうえで、この教えをしめすために、一文字の真言「キリク」を、お唱えになりました。

第五段

時薄《ふあ》伽《きや》梵《ふあん》一《いツ》切《せい》三《さん》界《かい》主《しゆ》如《じよ》来《らい》。復《ふツ》説《せ》一《いツ》切《せい》如《じよ》来《らい》灌《かん》頂《でい》智《ち》蔵《そう》般《はん》若《じや》理《り》趣《しゆ》。所《そ》謂《い》。以《い》灌《かん》頂《でい》施《し》故《こ》能《のう》得《とく》三《さん》界《かい》法《は》王《おう》位《い》。義《ぎ》利《り》施《し》故《こ》得《とく》一《いツ》切《せい》意《い》願《げん》満《まん》足《そく》。以《い》法《はツ》施《し》故《こ》得《とく》円《えん》満《まん》。一切《いツせい》法《ほう》。資《し》生《せい》施《し》故《こ》得《とく》身《しん》口《こう》意《い》一《いツ》切《せい》安《あん》楽《らく》。時《し》虚《きよ》空《こう》蔵《そう》大《たい》菩《ほ》薩《さ》。欲《よ》重《ちよう》顕《おん》明《び》此《し》義《い》故《こ》。熙《き》怡《い》微《び》笑《しよう》以《い》金《きん》剛《こう》宝《ほう》鬘《まん》自《し》繋《げ》其《き》首《しゆ》。説《せ》一《いツ》切《せい》灌《かん》頂《でい》。三《さん》摩《ま》耶《や》宝《ほう》心《しん》。

第五段

富の法門（無限の富の教え）

【現代語訳】

ついで、尊き大日如来は、ありとあらゆる領域において自由自在な主となり、宝《ほう》生如来《しょうにょらい》に変身されました。そして、生きとし生けるものすべてに、無限の恵みをそそぎあたえる智恵の教えを、お説きになったのです。その教えとは、こういうものです。

第一に、無限の恵みを、みずからもうけとり、ほかの者にもほどこしあたえれば、みなもろともに、全宇宙に君臨する法王の地位につくことができるのです。

第二に、物や金銭を、可能なかぎり、人々にほどこしあたえれば、この世のすべての人々の願いは満たされ、不平不満はなくなるのです。

第三に、正しい仏教の教えを、可能なかぎり、人々にほどこしあたえれば、この世のすべての人々が真理を体得することができるのです。

第四に、生きていくうえで必要な飲食物を、可能なかぎり、ほどこしあたえれば、人間に限らず、すべての動物もまた、飢えから解放され、身体も言語も精神もことごとく安楽な状態になるのです。

宝生如来がこう説き終えられると、この説教を聞いていた虚空蔵菩薩は、さらに重ねて如来のお説きになった真理を、もっとはっきり眼に見えるかたちで、明らかにしようとされました。お顔をやわらげて微笑し、ダイヤモンドと宝珠で荘厳した宝冠を、みずからの頭頂にいただく姿勢をしめして、物質であろうと精神であろうと、ありとあらゆるものを、生きとし生けるものすべてにほどこしあたえる境地を、あらわされたのでした。

そのうえで、この教えをしめすために、一文字の真言「タラン」を、お唱えになりました。

虚空蔵菩薩

第六段

時薄伽梵《ふあきやふあん》得《とく》一切如来《いツせいじよらい》智印《ちいん》如来《じよらい》。復説《ふツせ》一切如来《いツせいじよらい》智印《ちいん》加持《かち》般若《はんじや》理趣《りしゆ》。所謂《そい》。持《ち》一切如来《いツせいじよらい》身印《しんにん》即《そく》為《い》一切如来身《いツせいじよらいしん》。持《ち》一切如来《いツせいじよらい》語印《ぎよいん》。即得《そくとく》一切如来《いツせいじよらい》法《はツ》。持《ち》一切如来《いツせいじよらい》心印《しんにん》。即証《そくしよう》一切如来《いツせいじよらい》三摩地《さんまち》。持《ち》一切如来《いツせいじよらい》金剛印《きんこういん》。即成就《そくせいしゆ》一切如来《いツせいじよらい》身口意《しんこうい》業《ぎよう》最勝《さいしよう》悉地《しツち》。金剛手《きんこうしゆ》。若有聞此《じやくゆうぶんし》理趣《りしゆ》受持《しゆち》。読誦《とくしよう》作意《さくい》思惟《しい》。得《とく》一切《いツせい》自在《しさい》。一切《いツせい》智智《ちち》。一切《いツせい》事業《しぎよう》。一切《いツせい》成就《せいしゆ》。得《とく》一切《いツせい》身口意《しんこうい》。金剛性《きんこうせい》一切《いツせい》悉地《しツち》。疾証《しツしよう》無上《ぶしよう》。正等《せいとう》菩提《ほてい》。時《し》薄伽梵《ふあきやふあん》。為欲《いよ》重顕《ちようおん》明此《びし》義故《いこ》。熙怡《きい》微笑《びしよう》。持《ち》金剛拳《きんこうけん》大三《たいさん》摩耶印《まやいん》。説此《せツし》一切《いツせい》堅固《けんこ》金剛印《きんこういん》。悉地《しツち》三摩耶《さんまや》自《し》真実心《しんじツしん》。

第六段

実動の法門（如来の活動を実現させる教え）

【現代語訳】

ついで、尊き大日如来は、ありとあらゆる如来たちの身体と言語と精神の活動を、ありのままに見抜く智恵のしるしを得て、ありとあらゆる如来たちの身体と言語と精神の活動を、ありのままに見抜く智恵の持ち主となり、不空成就如来《ふくうじょうじゅにょらい》に変身されました。

そして、ありとあらゆる如来たちの身体と言語と精神の活動を、ありのままに見抜く智恵が、いったいどのように実現するのかという、究極の智恵にかんする教えをお説きになりました。

ありとあらゆる如来たちの身体の活動が実現するとは、あなたみずからが全身全霊をあげて、我が身をすべて、生きとし生けるものすべてに捧《ささ》げることにほかなりません。

ありとあらゆる如来たちの言語の活動が実現するとは、あなたみずからが全身全霊をあげて、仏教の正しい教えを、生きとし生けるものすべてに教えさとすことにほかなりません。

金剛拳菩薩

ありとあらゆる如来たちの精神の活動が実現するとは、あなたみずからが全身全霊をあげて、慈悲の心にもとづき、たとえ仏教に敵対する者であろうともわけへだてなく、生きとし生けるものすべてを救済することにほかなりません。

ありとあらゆる如来たちのダイヤモンドのごとき活動、すなわち身体と言語と精神の活動が、すべて完璧《かんぺき》に実現するとは、あなたみずからが全身全霊をあげて、以上の三つの領域にわたる活動を、最高の次元でなしとげることにほかならないのです。

金剛手よ、誰であろうと、もしこの教えを心にとめて忘れないようにし、読誦し、深く考えつづけるならば、ありとあらゆる教えを自在に理解し、ありとあらゆる実際的な智恵をすべてわがものとする智恵を体得し、身体と言語と精神にまつわるありとあらゆる活動をなしとげ、あなた自身の思いをことごとく実現することができるのです。

かくして、あなた自身の身体と言語と精神にまつわるありとあらゆる実際的な活動を、ダイヤモンドのごとき、最高の次元でなしとげた結果、すみやかに無上の悟りを得られるのです。

不空成就如来がこう説き終えられると、この説教を聞いていた金剛拳菩薩は、さらに重ねてこの教えを、もっとはっきり眼に見えるかたちで、明らかにしようとされました。

お顔をやわらげて微笑し、手には金剛拳の広大無辺な境地を象徴する印をむすび、ダイヤモンドのごとく堅固な活動のすがたを成就する境地を、あらわされたのです。

そのうえで、以上の活動を嘘偽《うそいつわ》りなくしめすために、一文字の真言「アク」を、お唱えになりました。

第七段

時薄伽梵《ふあきやふあん》一切《いツせい》無戯論《ぶきろん》如来《じよらい》。復説《ふツせ》転字輪《てんしりん》般若理趣《はんじやりしゆ》。所謂《そい》。諸法空与無自性相《しよほうこうよぶしせいしよう》応故《ようこ》。諸法《しょほう》無相《ぶしょう》与《よ》無相性《ぶしょうせい》相応故《しょうようこ》。諸法《しょほう》無願《ぶげん》与《よ》無願性《ぶげんせい》相応故《しょうようこ》。諸法光明《しょほうこうべい》。般若波羅蜜多《はんじゃはらびた》清浄故《せいせいこ》。時《し》文殊師利童真《ぶんじゅしりとうしん》。欲《よ》重顕明《ちょうおんび》此義故《しいこ》。熙怡微笑《きいびしょう》。以自《いし》剣《けん》揮《き》斫《しゃく》一切如来《いッせいじょらい》。以説此《いせッし》。般若波羅蜜多《はんじゃはらびた》。最勝心《さいしょうしん》。

第七段

字輪の法門（字輪の智恵を明らかにする教え）

【現代語訳】

ついで、尊き大日如来は、ありとあらゆる分別を超越し、真理の絶対性を体現して、一切無戯論如来《いっさいむけろんにょらい》に変身され、さらに文殊菩薩《もんじゅぼさつ》の悟りの境地にお入りになりました。そして、字輪を転じることによって開かれる最高の智恵の教えを、お説きになったのです。

それは、「ア・ラ・パ・チャ・ナ」という五つの文字によって、あらゆる制約から自由な絶対の真理を明らかにすることであり、これまでこの経で説かれてきたように、大いなる貪欲《とんよく》や大いなる怒りなどによって、小さな貪欲や小さな怒りなどを浄化するための修行法を明らかにすることなのでした。

この世の現実は、ことごとく空《くう》なのです。なぜならば、現象としてあらわれているだけで、実在はしていないからです。この教えは、四諦《したい》のうちの苦諦《くたい》、つまりこの世で生きることは苦にほかならないという真理に、対応しています。

この世の現実は、ことごとく無相、つまり固有の性質をもっていません。なぜならば、固有の性質をもたないということを、固有の性質としているからです。この教えは、四諦のうちの集諦《じったい》、つまり苦の原因は無明《むみょう》、つまり根源的な無知であり、さらにいえば渇愛《かつあい》、つまり尽きることのない性欲にほかならないという真理に、対応しています。

文殊師利菩薩

この世の現実は、ことごとく無願、つまり執着を離れるべき対象であって、けっして願われるべき対象ではないのです。なぜなら、執着に値しないということを、固有の性質としているからです。この教えは、四諦のうちの滅諦《めったい》、渇愛を滅したときに悟りがあるという真理に、対応しています。

この世の現実は、ことごとく光明なのです。なぜなら、最高の智恵をもって観察すれば、この世の現実はもとより清浄だからです。この教えは、四諦のうちの道諦《どうたい》、つまり悟りにいたる道がたしかにあるという真理に、対応しています。


一切無戯論如来がこう説き終えられると、この説教を聞いていた少年のおすがたの文殊師利菩薩（文殊菩薩）は、さらに重ねて如来のお説きになった真理を、もっとはっきり眼に見えるかたちで、明らかにしようとされました。

お顔をやわらげて微笑し、その四本の手それぞれにもっていた鋭い剣をふるって、ありとあらゆる分別やむだな論議を、めった切りにされました。

そのうえで、最高の智恵の心髄をしめすために、一文字の真言「アン」を、お唱えになりました。

第八段

時薄伽梵《ふあきやふあん》一切《いッせい》如来《じょらい》入大輪如来《じゅうたいりんじょらい》。復説《ふッせ》入大輪般若理趣《じゅうたいりんはんじゃりしゅ》。所謂《そい》。入金剛平等《じゅうきんこうへいとう》。則入一切如来法輪《そくじゅういッせいじょらいほうりん》。入義平等則入大菩薩輪《じゅうぎへいとうそくじゅうたいほさりん》。入一切法平等《じゅういッせいほうへいとう》。則入妙法輪《そくじゅうびょうほうりん》。入一切業平等《じゅういッせいげッぺいとう》。則入一切事業輪《そくじゅういッせいしぎょうりん》。時纔発心転法輪大菩薩《しさいはッしんてんぼうりんたいほさ》。欲重顕明《よちょうおんび》此義故《しいこ》。熙怡微笑《きいびしょう》。転金剛輪《てんきんこうりん》。説一切金剛三摩耶心《せいッせいきんこうさんまやしん》。

第八段

入大輪の法門（曼荼羅に入るための教え）

【現代語訳】

ついで、ありとあらゆる如来たちの悟りの境地である、金剛界《こんごうかい》大曼荼羅に鎮座される尊き入大輪如来《にゅうだいりんにょらい》こと纔発心転法輪菩薩《ざいはっしんてんぼうりんぼさつ》（纔発意菩薩《ざいはついぼさつ》）は、この世の生きとし生

転法輪菩薩

けるものすべてを、この絶対真理の輪のなかにみちびくための最高の智恵をお説きになりました。

金剛平等《こんごうびょうどう》の真理、すなわち私情のうえに生じる差別と不平等の妄念とは無縁であり、あたかもダイヤモンドのごとき堅固な真理を体得するためには、金剛部（金剛界品《こんごうかいぼん》）の曼荼羅に入る必要があります。それは、大いなる貪欲をもって、小さな貪欲を浄化する道なのです。

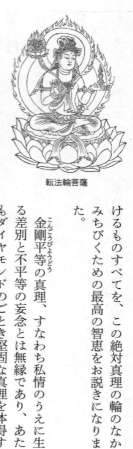

義平等の真理、すなわち大いなる慈悲の心が根源となり、生きとし生けるものすべてを救うために、はたらく真理を体得するためには、宝部《ほうぶ》（降三世品《ごうざんぜぼん》）の曼荼羅に入る必要があります。それは、大いなる怒りをもって、小さな怒りを浄化する道なのです。

法平等の真理、すなわちその本性が清浄なために、清浄なこの世のありとあらゆる存在や行為に、あまねくゆきわたる真理を体得するためには、蓮華部《れんげぶ》（遍調伏《へんじょうぶく》品《ぼん》）の曼荼羅に入る必要があります。それは、大いなる愚かしさをもって、小さな愚かしさを浄化克服する道なのです。

業平等の真理、すなわちこの世のありとあらゆる存在や行為を、正確に観察して正確に判断しつつも、その判断は私情とは無縁であり、いわゆる分別をはるかに超える、いわば超分別のはたらきをしめす真理を体得するためには、羯摩部《かつまぶ》（一切義《いっさいぎ》成就品《じょうじゅぼん》）の曼荼羅に入る必要があります。それは、大いなる吝嗇《りんしょく》をもって、小さな吝嗇を浄化する道なのです。

纔発心転法輪菩薩は、さらに重ねて世尊のお説きになった真理を、もっとはっきり眼に見えるかたちで、明らかにしようとされました。

お顔をやわらげて微笑し、右手の中指で、八本スポークの金剛輪をまわして、ダイヤモンドのごとき境地に入る意義を、しめされたのです。そのうえで、この境地をしめすために、一文字の真言「ウン」を、お唱えになりました。

第九段

時薄《ふあ》伽《きや》梵《ふあん》一《いッ》切《せい》如《じよ》来《らい》種《しよう》種《じよう》供《きよう》養《よう》蔵《ぞう》。広《こう》大《たい》儀《ぎ》式《しよく》如《じよ》来《らい》。復《ふッ》説《せ》一《いッ》切《せい》供《きよう》養《よう》。最《さい》勝《しよう》出《しゆッ》生《せい》般《はん》若《じや》理《り》趣《しゆ》。所《そ》謂《い》。発《はッ》菩《ぼ》提《てい》心《しん》。則《そく》為《い》於《よ》諸《しよ》如《じよ》来《らい》広《こう》大《たい》供《きよう》養《よう》。救《きゆう》済《せい》一《いッ》切《せい》衆《しゆう》生《せい》則《そく》為《い》於《よ》諸《しよ》如《じよ》来《らい》広《こう》大《たい》供《きよう》養《よう》。受《しゆ》持《ち》妙《びよう》典《てん》則《そく》為《い》於《よ》諸《しよ》如《じよ》来《らい》広《こう》大《たい》供《きよう》養《よう》。於《よ》般《はん》若《じや》波《は》羅《ら》蜜《び》多《た》。受《しゆ》持《ち》読《とく》誦《しよう》自《し》書《しよ》教《こう》他《た》。書《しよ》思《し》惟《い》修《しゆう》習《じゆう》種《しよう》種《じよう》供《きよう》養《よう》。則《そく》為《い》於《よ》諸《しよ》如《じよ》来《らい》広《こう》大《たい》供《きよう》養《よう》。時《し》虚《きよ》空《こう》庫《こ》大《たい》菩《ほ》薩《さ》。欲《よ》重《ちよう》顕《おん》明《び》此《し》義《い》故《こ》。熙《き》怡《い》微《び》笑《しよう》。説《せッ》此《し》一《いッ》切《せい》事《し》業《ぎよう》。不《ふ》空《こう》三《さん》摩《ま》耶《や》一《いッ》切《せい》金《きん》剛《こう》心《しん》。

第九段

供養の法門（供養にまつわる教え）

【現代語訳】

ついで、ありとあらゆる如来たちにほかならないこの世の森羅万象に、尊崇の心を捧げる儀式をつかさどる、尊き広大儀式如来《こうだいぎしきにょらい》は、ありとあらゆる供養のなかでも、最高の供養とされる最高の智恵をお説きになりました。

菩提心《ぼだいしん》、すなわち悟りを求める心を起こすということこそ、ありとあらゆる如来たちにたいする、すなわちこの世の森羅万象にたいする広大無辺の供養にほかならないのです。

この世の生きとし生けるものすべてを救済することこそ、ありとあらゆる如来たちにたいする、すなわちこの世の森羅万象にたいする広大無辺の供養にほかならないのです。

仏教の正しい教えをかたくまもることこそ、ありとあらゆる如来たちにたいする、すなわちこの世の森羅万象にたいする最高の供養にほかならないのです。

最高の智恵を書き写すこと、心にとめて忘れないようにすること、読誦すること、深く思いつづけること、習い覚えることこそ、ありとあらゆる如来たちにたいする、すなわちこの世の森羅万象にたいする最高の供養にほかならないのです。

虚空庫菩薩

広大儀式如来がこう説き終えられると、この説教を聞いていた虚空庫菩薩は、さらに重ねて世尊のお説きになった真理を、もっとはっきり眼に見えるかたちで、明らかにしようとされました。

お顔をやわらげて微笑し、ありとあらゆる供養がむだに終わらず、必ず効果をあげるようにするという誓いをされたのです。

そのうえで、この境地をしめすために、一文字の真言「オン」を、お唱えになりました。

第十段

時薄《ふあ》伽《きや》梵《ふあん》能《のう》調《ちょう》持《ち》智《ち》拳《けん》如《じょ》来《らい》。復《ふッ》説《せ》一切《いッせい》調《ちょう》伏《ふく》智《ち》蔵《そう》般《はん》若《じや》理《り》趣《しゅ》。所《そ》謂《い》。一切《いッせい》有《ゆう》情《せい》。

平等《へいとう》故《こ》忿怒《ふんど》平等《へいとう》。一切《いッせい》有情《ゆうせい》調伏《ちょうふッ》故《こ》忿怒《ふんど》調伏《ちょうふく》。一切《いッせい》有情《ゆうせい》法性《はッせい》故《こ》忿怒《ふんど》法性《はッせい》。一《いッ》切《せい》有情《ゆうせい》金剛性《きんこうせい》故《こ》忿怒《ふんど》金剛性《きんこうせい》。何以故《かいこ》。一切《いッせい》有情《ゆうせい》調伏《ちょうふく》則《そく》為《い》菩提《ほてい》。時《し》摧《さい》一切魔《いッせいま》大菩薩《たいほさ》。欲《よ》重《ちょう》顕《おん》明《び》此《し》義《い》故《こ》。熙怡《きい》微笑《びしょう》。以《い》金剛《きんこう》薬叉《やきしゃ》形《けい》持《ち》金剛《きんこう》牙《か》。恐怖《きょうふ》一切《いッせい》如来《じょらい》已《い》。説《せ》金剛《きんこう》忿怒《ふんど》大笑心《たいしょうしん》。

第十段

忿怒《ふんぬ》の法門（大いなる怒りの教え）

【現代語訳】

ついで、仏教に敵対する者を討ち破ったうえで悟りへみちびくために、大いなる忿怒の智恵の拳をもつ、尊き能調持智拳如来《のうちょうじちけんにょらい》は、仏教に敵対する者をことごとく討ち破ったうえで成仏させる、大いなる忿怒の智恵の蔵という、最高の智恵をお説きになりました。

摧一切魔菩薩

この世の生きとし生けるものは、敵であろうと、味方であろうと、それは表面上のことにすぎず、じつはすべて平等という本質をもっているのです。したがって、大いなる慈悲にもとづいて、まちがいを犯している者を、正しい道にみちびくためにもちいられる、大いなる怒りもまた、公正無私であって、平等という本質をもっています。

この世の生きとし生けるものは、まちがいを犯せば、いつかは大いなる慈悲にもとづく大いなる怒りにふれて、討ち破られ、正しい道にみちびきいれられるという宿命にあるのです。したがって、大いなる慈悲にもとづく大いなる怒りは、この世の生きとし生けるものをことごとく、正しい道にみちびきいれる力をもっているのです。

この世の生きとし生けるものは、空《くう》という本質をもっています。したがって、大いなる慈悲にもとづく大いなる怒りもまた、空という本質をもっているのです。

この世の生きとし生けるものは、ダイヤモンドが永遠不滅であるように、さまざまなまちがいを、永遠に犯しつづけます。したがって、そのまちがいをあらためさせ、悟りへみちびきいれるために発動される、大いなる慈悲にもとづく大いなる怒りもまた、ダイヤモンドが永遠不滅であるように、永遠に尽きないのです。

なぜ、この世の生きとし生けるものにたいして、大いなる慈悲にもとづく大いなる怒りを、永遠に発動しつづけるのでしょうか。それは、なんとかして、この世の生きとし生けるものをことごとく、大いなる慈悲にもとづく大いなる怒りによって討ち破り、悟りへみちびきいれたいと願うからなのです。


能調持智拳如来がこう説き終えられると、この説教を聞いていた摧一切魔菩薩《ざいいっさいまぼさつ》は、さらに重ねて世尊のお説きになった真理を、もっとはっきり眼に見えるかたちで、明らかにしようとされました。

お顔をやわらげて微笑し、金剛夜叉明王《こんごうやしゃみょうおう》という、見るも恐ろしいおすがたに変身されたのです。両手を忿怒拳のかたちにして、お口の両脇に置き、あたかも鋭い牙を露出したように見せ、未来は悟りを開くかもしれないとしても、現在は仏教に敵対している、この世の生きとし生けるものすべてを、恐怖させたのでした。

そのうえで、このダイヤモンドのごとき、大いなる忿怒を象徴する二本の鋭い牙を露出させたまま、呵《か》々大笑《かたいしょう》する境地をしめすために、一文字の真言「カク」を、お唱えになりました。

> **第十一段**
>
> 時薄伽梵《ふぁきゃふぁん》一切《いッせい》平等《へいとう》建立《けんりゅう》如来《じょらい》。復説《ふッせ》一切《いッせい》法《ほう》三摩耶《さんまや》。最勝《さいしょう》出生《しゅッせい》般若《はんじゃ》理趣《りしゅ》。所《そ》謂《い》。一切《いッせい》平等《へいとう》性故《せいこ》。般若波羅蜜多《はんじゃはらびた》平等性《へいとうせい》。一切《いッせい》義利《ぎり》性故《せいこ》。般若波羅蜜多《はんじゃはらびた》義利《ぎり》性《せい》。一切《いッせい》法性《はッせい》故《こ》。般若波羅蜜多《はんじゃはらびた》法性《はッせい》。一切《いッせい》事業《しぎょう》性故《せいこ》。般若波羅蜜多《はんじゃはらびた》事業性《しぎょうせい》応知《ようち》。時《し》金剛手《きんこうしゅ》。入《じゅう》一切《いッせい》如来《じょらい》菩薩《ほさ》。三摩耶《さんまや》加持《かち》三摩地《さんまち》。説《せ》一切《いッせい》不空《ふこう》三摩耶《さんまや》心《しん》。

第十一段

普集の法門（真理をあまねく集めた曼荼羅の教え）

【現代語訳】

ついで、尊き大日如来は、広大無辺の功徳や功業をあまねく集めた絶対平等の境地を体現する普賢菩薩《ふげんぼさつ》の境地にお入りになりました。そして、聖と俗の両方におよぶ、ありとあらゆる本質を、眼に見えるかたちであらわす曼荼羅を、最高の次元で生成する最高の智恵を、お説きになりました。

金剛部（金剛界品）の曼荼羅は、平等という本質を象徴しているので、最高の智恵もまた、平等という本質をもっています。

宝部（降三世品《ごうざんぜほん》）の曼荼羅は、利益《りやく》という本質を象徴しているので、最高の智恵もまた、利益という本質をもっています。

蓮華部（遍調伏品《へんちょうぶくほん》）の曼荼羅は、清浄という本質を象徴しているので、最高の智恵もまた、清浄という本質をもっています。

羯摩部（一切義成就品）の曼荼羅は、活動という本質を象徴しているので、最高の智恵もまた、活動という本質をもっています。

金剛手菩薩

この説教を聞いていた金剛手菩薩、じつは普賢菩薩は、さらに重ねて如来がお説きになった真理を、もっとはっきり眼に見えるかたちで、明らかにしようとされました。

金剛手菩薩は、如来がお説きになった、広大無辺の功徳や功業をあまねく集めた絶対平等の境地を象徴する曼荼羅に、聖なる力をそそぎ込んで、よりいっそう明らかにするという瞑想にお入りになったのです。

そのうえで、嘘偽りなく、絶対の真理をあらわす曼荼羅をしめすために、一文字の真言「ウン」を、お唱えになりました。

第十二段

時薄《ふあ》伽《きや》梵《ふあん》如来《じょらい》。復《ふッ》説《せ》一切《いッせい》有情《ゆうせい》加持《かち》。般若《はんじや》理趣《りしゅ》。所謂《そい》。一切《いッせい》有情《ゆうせい》如来蔵《じょらいそう》。以《い》普賢《ほけん》菩薩《ほさ》一切《いツせい》我故《がこ》。一切《いツせい》有情《ゆうせい》金剛蔵《きんこうそう》。以《い》金剛蔵《きんこうそう》灌頂故《かんでいこ》。一切《いツせい》有情《ゆうせい》妙《びょう》法蔵《はツそう》。能転《のうてん》一切《いツせい》語言故《ぎょげんこ》。一切《いツせい》有情《ゆうせい》羯《きゃら》磨蔵《まそう》。能作《のうさく》所作性《そさくせい》相応故《しょうようこ》。時外《しがい》金剛部《きんこうほう》。欲《よく》重顕明《ちょうけんべい》此義故《しいこ》。作歓喜声《さツかんぎせい》。説《せ》金剛自在《きんこうしさい》自真実心《ししんじツしん》。

第十二段

有情《うじょう》加持の法門（生きとし生けるものに如来が聖なる力をそそぎ込むという教え）

【現代語訳】

ついで、尊き毘盧遮那《びるしゃな》如来《にょらい》は、この世の生きとし生けるものすべてに、聖なる力をそそぎ込んで、この世の生きとし生けるものはことごとく、そのままで如来であるという真理を明らかにする最高の智恵を、お説きになりました。

如来が聖なる力をそそぎ込んでいるゆえに、この世の生きとし生けるものはこと

大自在天

ごとく如来蔵《にょらいぞう》、すなわち如来となる可能性を、生まれながらに、その心身に宿しているのです。なぜなら、悟りを求める心をつかさどる普賢菩薩が、この世の生きとし生けるものことごとくのなかに浸透し、この世の生きとし生けるものことごとくのほんとうの自我として、活動しているからです。

如来が聖なる力をそそぎ込んでいるゆえに、この世の生きとし生けるものはことごとく金剛蔵、すなわちダイヤモンドのごとき永遠不滅の真理をいたるところに見《み》出《いだ》す最高の智恵を、生まれながらに、その心身に宿しているのです。なぜなら、この世の生きとし生けるものはことごとく、いつかきっと、この金剛宝の智恵によって、正しい教えを伝授され、全宇宙に君臨する法王となるからです。

如来が聖なる力をそそぎ込んでいるゆえに、この世の生きとし生けるものはことごとく妙法蔵、すなわちありとあらゆるものに、正しい教えを説くための根源となる智恵を、生まれながらに、その心身に宿しているのです。なぜなら、この世の生きとし生けるものはことごとく、ありとあらゆる状況に応じて、この正しい教えを説くための根源となる智恵を、自在に駆使する能力をもっているからです。

如来が聖なる力をそそぎ込んでいるゆえに、この世の生きとし生けるものはことごとく羯摩《かつま》蔵、すなわちありとあらゆる活動を成就させる智恵を、生まれながらに、その心身に宿しているのです。なぜなら、この世の生きとし生けるものはことごとく、ありとあらゆる状況に応じて、活動できるように、つくられているからです。

毘盧遮那如来がこう説き終えられると、この説教を聞いていた外金剛部《げこんごうぶ》のもろもろの神々は、自分たちも救われるのだとわかって、歓喜と感激の声をあげました。そして、さらに重ねて、如来がお説きになった真理を、もっとはっきり明らかにしようといたしました。

そのうえで、この世の生きとし生けるものすべてが、ダイヤモンドのごとき永遠不滅の仏のすがたそのものであることを象徴するために、おのずから真実の心髄をしめす一文字の真言「チリ」を、如来に捧げたのでした。

第十三段

爾《じ》時《し》七《しち》母《ぼ》女《じょ》天《てん》頂《てい》礼《れい》仏《ふッ》足《そッ》。献《けん》鉤《こう》召《ちょう》摂《しょう》入《じゅう》能《のう》殺《さつ》能《のう》成《せい》。三《さん》摩《ま》耶《や》真《しん》実《じッ》心《しん》。

第十三段

七母天《しちもてん》の法門（七人の猛悪な女神たちの教え）

【現代語訳】

尊き毘盧遮那如来がこう説き終えられると、この説教を聞いていた七人の猛悪な女神たちは、感激して、如来に尊敬の念をあらわすために、世尊の御足を自分たちの頭にいただき、こう申しました。

わたしたちは、この世のありとあらゆるものを、うむをいわさず招きよせ、曼荼羅のなかに引きよせて、悪しき心をことごとく殺害し、みごと悟りを開かせましょう。

こう言うと、この境地をしめす一文字の真言「ビュ」を、如来に捧げたのでした。

大黒天

第十四段

爾《じ》時《し》末《ま》度《と》迦《きゃ》羅《ら》天《てん》三《さん》兄《けい》弟《てい》等《とう》。親《しん》礼《れい》仏《ふッ》足《そッ》献《けん》自《し》心《しん》真《しん》言《げん》。

第十四段

三兄弟の法門（ブラフマンとシヴァとヴィシュヌの三兄弟神の教え）

【現代語訳】

尊き毘盧遮那如来がこう説き終えられると、この説教を聞いていたブラフマンとシヴァとヴィシュヌの三兄弟の、ヒンドゥー教出身の神々は、感激して、如来に尊敬の念をあらわすために、如来の御足を自分たちの頭にいただき、この教えをしめす一文字の真言「ソハ」を、捧げたのでした。

（摩醯首羅）大自在天

第十五段
爾時《じし》四姉妹《ししまい》。女天《じょてん》。献自心真言《けんししんしんげん》。

第十五段

四姉妹の法門（ジャヤーとヴィジャヤーとアジターとアパラージターの四姉妹神の教え）

【現代語訳】

毘盧遮那如来がこう説き終えられると、この説教を聞いていたジャヤーとヴィジャヤーとアジターとアパラージターという、ヒンドゥー教の出身で、いまは文殊菩薩におつかえする四姉妹の神々は、感激して、如来に尊敬の念をあらわし、自分たちの境地をしめす一文字の真言「カン」を、捧げたのでした。

第十六段

時《し》薄《ふあ》伽《きや》梵《ふあん》無《ぶ》量《りよう》無《ぶ》辺《へん》究《きゆう》竟《けい》如《じよ》来《らい》。為《い》欲《よツ》加《か》持《ち》此《し》教《こう》令《れい》究《きゆう》竟《けい》円《えん》満《まん》故《こ》。復《ふツ》説《せ》平《へい》等《とう》金《きん》剛《こう》出《しゆツ》生《せい》般《はん》若《じや》理《り》趣《しゆ》。所《そ》謂《い》般《はん》若《じや》波《は》羅《ら》蜜《び》多《た》。無《ぶ》量《りよう》故《こ》一《いツ》切《せい》如《じよ》来《らい》無《ぶ》量《りよう》。般《はん》若《じや》波《は》羅《ら》蜜《び》多《た》。無《ぶ》辺《へん》故《こ》一《いツ》切《せい》如《じよ》来《らい》無《ぶ》辺《へん》。一《いツ》切《せい》法《ほう》一《いツ》性《せい》故《こ》。般《はん》若《じや》波《は》羅《ら》蜜《び》多《た》一《いツ》性《せい》。一《いツ》切《せい》法《ほう》究《きゆう》竟《けい》故《こ》。般《はん》若《じや》波《は》羅《ら》蜜《び》多《た》究《きゆう》竟《けい》。金《きん》剛《こう》手《しゆ》。若《じやく》有《ゆう》聞《ぶん》此《し》理《り》趣《しゆ》。受《じゆ》持《ち》読《とく》誦《しよう》。思《し》惟《い》其《き》義《ぎ》。彼《ひ》於《よ》

都牟盧天

仏《ふ》菩《ほ》薩《さツ》行《こう》。皆《かい》得《とく》究《きゆう》竟《けい》。

第十六段

各具の法門（各曼荼羅の意義にまつわる教え）

【現代語訳】

ついで、空間にも時間にもまったく制約されない絶対の真理を説く、尊き大日如来は、これまでお説きになった教えに、聖なる力をそそぎ込んで、これ以上はない究極の完成にみちびこうとなさいました。

そして、この世の生きとし生けるものすべてはもちろん、森羅万象ことごとくが、絶対の真理をあらわしているという点において、まったく平等であり、しかもダイヤモンドのごとき絶対の存在そのものであることを、眼前に生成し、明らかにする最高の智恵を、お説きになりました。

金剛界大日如来

最高の智恵は、空間にまったく制約されないゆえに、金剛部の曼荼羅に入っている生きとし生けるものすべてはもちろん、森羅万象ことごとくもまた、空間にまったく制約されません。

最高の智恵は、時間にまったく制約されないゆえに、宝部の曼荼羅に入っている生きとし生けるものすべてはもちろん、森羅万象ことごとくもまた、時間にまったく制約されません。

この世の生きとし生けるものすべてはもちろん、森羅万象ことごとくもまた、もとより清浄という、蓮華部の曼荼羅とまったく同じ本質をもつゆえに、最高の智恵もまた、もとより清浄という、まったく同じ本質をもっているのです。

この世の生きとし生けるものすべてはもちろん、森羅万象ことごとくもまた、羯摩部の曼荼羅と同じく、一時も止むことなく、救済のための活動をつづけているように、最高の智恵もまた、一時も止むことなく、救済のための活動をつづけているのです。

金剛手よ、誰であろうと、もしこの教えを心にとめて忘れないようにし、読誦し、それぞれの曼荼羅がもつ意義について深く思いつづけるならば、ありとあらゆる罪障はことごとく消え去り、この世の生きとし生けるものすべてはもちろん、森羅万象ことごとくを救済したいという仏菩薩の願いを、完璧に満たすことができるのです。

第十七段

時《し》薄《ふぁ》伽《きゃ》梵《ふぁん》毘《ひ》盧《ろ》遮《しゃ》那《だ》。得《とく》一《いッ》切《せい》秘《ひ》密《びつ》法《はッ》性《せい》無《ぶ》戯《き》論《ろん》如《じょ》来《らい》。復《ふッ》説《せ》最《さい》勝《しょう》無《ぶ》初《そ》中《ちゅう》後《こう》。大《たい》楽《ら》金《きん》剛《こう》不《ふ》空《こう》三《さん》摩《ま》耶《や》。金《きん》剛《こう》法《はッ》性《せい》般《はん》若《じゃ》理《り》趣《しゅ》。所《そ》謂《い》。菩《ほ》薩《さん》摩《ば》訶《か》薩《さ》。大《たい》欲《よく》最《さい》勝《しょう》成《せい》就《しゅ》故《こ》。得《とく》大《たい》楽《らく》最《さい》勝《しょう》成《せい》就《しゅ》。菩《ほ》薩《さん》摩《ば》訶《か》薩《さ》。得《とく》大《たい》楽《らく》最《さい》勝《しょう》成《せい》就《しゅ》故《こ》。則《そく》得《とく》一《いッ》切《せい》如《じょ》来《らい》大《たい》菩《ほ》提《てい》最《さい》勝《しょう》成《せい》就《しゅ》。菩《ほ》薩《さん》摩《ば》訶《か》薩《さ》。得《とく》一《いッ》切《せい》如《じょ》来《らい》大《たい》菩《ほ》提《てい》最《さい》勝《しょう》成《せい》就《しゅ》故《こ》。則《そく》得《とく》一《いッ》切《せい》如《じょ》来《らい》。摧《さい》大《たい》力《りょく》魔《ま》最《さい》勝《しょう》成《せい》就《しゅ》。菩《ほ》薩《さん》摩《ば》訶《か》薩《さ》。得《とく》一《いッ》切《せい》如《じょ》来《らい》摧《さい》大《たい》力《りょく》魔《ま》最《さい》勝《しょう》成《せい》就《しゅ》故《こ》。則《そく》得《とく》遍《へん》三《さん》界《かい》自《し》在《さい》主《しゅ》成《せい》就《しゅ》。菩《ほ》薩《さん》摩《ば》訶《か》薩《き》。得《とく》遍《へん》三《さん》界《かい》自《し》在《さい》主《しゅ》成《せい》就《しゅ》故《こ》。則《そく》得《とく》浄《せい》除《ちょ》無《ぶ》余《よ》界《かい》一《いッ》切《せい》有《ゆう》情《せい》。住《ちゅう》着《ちゃく》流《りゅう》転《てん》。以《い》大《たい》精《せい》進《しん》常《しょう》処《そ》生《せい》死《し》。救《きゅう》摂《しょう》一《いッ》切《せい》利《り》益《えき》安《あん》楽《らく》最《さい》勝《しょう》究《きゅう》竟《けい》皆《かい》悉《しッ》成《せい》就《しゅ》。何《か》以《い》故《こ》。

第十七段

深秘の法門（五つの秘密の教え）

【現代語訳】

ついで、尊き毘盧遮那如来は、五つの秘密の真理、つまり大いなる楽の真理を悟り、ありとあらゆる分別を超越した無戯論如来《むけろんにょらい》、すなわち金剛薩埵の境地に、お入りになりました。

そして、ありとあらゆる教えのなかでもっとも優れ、初心の者と習熟した者と完成の域に達した者というような、修行の段階に関係なく、誰であろうと、発心《ほっしん》しさえすれば、必ず成就できる道を、お説きになりました。それは、大楽であり、ダイヤモンドのごとく堅固であり、嘘偽りない悟りの境地にまつわるものでありました。また、ダイヤモンドのごとき永遠不滅の真理にほかならない、五つの秘密にかんする最高の智恵の教えでありました。

第一に、真言密教の菩薩は、この世の生きとし生けるものすべてを救済しようという、大いなる欲望を起こさなければなりません。大いなる欲望が成就するとき、大いなる楽の最高の境地もまた、成就するのです。

第二に、真言密教の菩薩は、大いなる楽の最高の境地を成就しなければなりません。大いなる楽の最高の境地を成就するとき、ありとあらゆる如来たちが成就した悟りのなかでも最高の悟りの境地を得ることができるのです。

第三に、真言密教の菩薩は、ありとあらゆる如来たちが成就した悟りのなかでも最高の悟りの境地とされる、金剛薩埵の悟りの境地を得なければ

五秘密

なりません。金剛薩埵の悟りの境地を得るとき、ありとあらゆる如来たちが大魔軍をこっぱ微塵《みじん》にしたように、最高の結果をたちどころに得ることができるのです。

第四に、真言密教の菩薩は、ありとあらゆる如来たちが大魔軍をこっぱ微塵にしたように、最高の結果を得なければなりません。最高の結果を得るとき、全宇宙のどこであろうと、自在に活動できる英雄となるような、最高の結果を得ることができるのです。

第五に、真言密教の菩薩は、全宇宙のどこであろうと、自在に活動できる英雄となるような、最高の結果を得なければなりません。全宇宙のどこであろうと、自在に活動できる英雄となるような、最高の結果を得るとき、全宇宙の生きとし生けるものすべてを、正しい道にみちびきいれ、このうえない最高の安楽にほかならない悟りの境地に、いっしょに入ることができるのです。

百字の偈

菩薩勝恵者《ほさツしょうけいしゃ》　乃至尽生死《だいししんせいし》　恒作衆生利《こうさくしゅうせいり》　而不趣涅槃《じふしゅでッぱん》　般若及方便《はんじゃきゅうほうべん》

智度悉加持《ちとしッかち》　諸法及諸有《しょほうきゅうしょゆう》　一切皆清浄《いッせいかいせいせい》　欲等調世間《よくとうちょうせかん》　令得浄除故《れいとくせいちょこ》

有頂及悪趣《ゆうていきゅうあくしゅ》　調伏尽諸有《ちょうふくしんしょゆう》　如蓮体本染《じょれんていほんぜん》　不為垢所染《ふいこうそぜん》　諸欲性亦然《しょよくせいえきぜん》

不染利群生《ふぜんりきんせい》　大欲得清浄《たいよくとくせいせい》　大安楽富饒《たいあんらくふじょう》　三界得自在《さんかいとくしさい》　能作堅固利《のうさけんこり》

百字の偈《げ》

(百字からなる理趣経の要約)

【現代語訳】

なにゆえに、真言密教の菩薩は、この世の生きとし生けるものすべてを救済しようと努力しつづけるのでしょうか。

すぐれた智恵の持ち主である真言密教の菩薩は、いくらでも生き変わり死に変わりして、つねにこの世の迷える生きとし生けるものすべてを救おうとつとめ、悟りの境地に安住することはないのです。

真言密教の菩薩は、最高の智恵と最高の実践をともに駆使して、この世の迷える生きとし生けるものすべてに、聖なる力をそそぎ込んで、この世の生きとし生けるものすべてはもちろん、森羅万象までも、清浄にしようとしつづけるのです。

真言密教の菩薩は、仏菩薩の大いなる欲望をもって、人間界にありがちな小さな欲望を浄化するゆえに、上は最高天界から下は地獄にいたるまで、ありとあらゆる欲望をかたっぱしから討ち破ったうえで、みごと悟りへみちびきつづけるのです。

真言密教の菩薩は、ちょうど赤い蓮の花が、泥の中にあっても、汚れることなく、本来の鮮やかな赤い花を咲かせるように、さまざまな欲望が渦巻く現実世界にありながら、欲望をものともせず、むしろこの世の生きとし生けるものすべてを救済しようという大いなる欲望に変えて、救済の活動にいそしむのです。

真言密教の菩薩は、この世の生きとし生けるものすべてを救済しようという、大いなる欲望をいだくことで清浄となり、この世の生きとし生けるものすべてを安楽な状態にしようという、境地にいることでそのために必要な財にめぐまれ、全宇宙において縦横無尽に活動して、この世の生きとし生けるものすべてを救済するために、いつまでもはたらきつづけるのです。

第十七段（続き）

金剛手《きんこうしゅ》。若《じゃく》有《ゆう》聞《ぶん》此《し》本《ほん》初《そ》般若《はんじゃ》理趣《りしゅ》。日日《じつじツ》晨朝《しんちょう》或《こく》誦《しょう》或《こく》聴《てい》。彼《ひ》獲《かく》一切《いッせい》安楽《あんらく》悦意《えツち》。
大楽《たいら》金剛《きんこう》不《ふ》空三昧《こうさんまい》究竟《きゅうけい》悉地《しッち》。現世《けんせ》。獲得《かくとく》一切《いッせい》法《ほう》自在《しさい》悦楽《えツらく》。以《い》十六《しゅうりく》大《たい》菩薩《ほさツ》生《せい》。
得《とく》於《よ》如来《じょらい》執《しゅう》金剛《きんこう》位《い》。

【現代語訳】

金剛手よ、誰であろうと、もしこのもっとも根源的な教えといっていい最高の智恵の教えを、毎日、朝早く読誦したり、もしくは読誦する声を耳にしたりするならば、そのひとは、ありとあらゆる安らぎと喜びを得て、ついには大いなる楽の境地、すなわちダイヤモンドのごとき永遠不滅の、嘘偽りのない、究極の境地にいたることができるのです。

さらに、現世において、どのような領域でも自由自在に活動できる力を得て、無上の楽しみを楽しみ、十六大菩薩の地位にのぼり、ついには究極の悟りを開いておられる大日如来の境地、もしくはその途上にあって修行に励んでおられる執金剛《しゅうこんごう》の境地を、得られるのです。

「ウン」

流通

爾時《じし》一切如来《いッせいじょらい》及《きゅう》持金剛菩薩摩訶薩《ちきんこうほさんばかさツ》。等皆来集会《とうかいらいしゅかい》。欲令此法不空無礙速成就《よくれいしほうふこうぶかいそくせいしゅ》故《こ》。咸共称賛金剛手言《かんきょうしょうさんきんこうしゅげん》。

善哉善哉大薩埵《せんざいせんざいたいさツた》　善哉善哉大安楽《せんざいせんざいたいあんらく》

善哉善哉摩訶衍《せんざいせんざいまかえん》　善哉善哉大智恵《せんざいせんざいたいちけい》

善《せん》能《のう》演《えん》説《ぜ》此《し》法《はッ》教《こう》　金《きん》剛《こう》修《しゅ》多《た》羅《ら》加《か》持《ち》
持《ち》此《し》最《さい》勝《しょう》教《こう》王《おう》者《しゃ》　一《いッ》切《せい》諸《しょ》魔《ま》不《ふ》能《のう》壊《かい》
得《とく》仏《ふ》菩《ほ》薩《さ》最《さい》勝《しょう》位《い》　於《よ》諸《しょ》悉《しッ》地《ち》当《とう》不《ふ》久《きゅう》
一《いッ》切《せい》如《じょ》来《らい》及《きゅう》菩《ほ》薩《さ》　共《きょう》作《さく》如《じょ》是《し》勝《しょう》説《せッ》已《ち》
為《い》令《れい》持《ち》者《しゃ》悉《し》成《せい》就《しゅ》　皆《かい》大《たい》歓《かん》喜《ぎ》信《しん》受《しゅ》行《こう》

讃嘆《さんだん》と流《る》通《づう》分《ぶん》

（おほめの言葉と布教のすすめ）

【現代語訳】

尊き毘盧遮那如来がこう説き終えられたとき、ありとあらゆる如来たちと、金剛手菩薩をのぞく他のすべての菩薩たちは、みなその場に集まっておいでになりました。そして、この教えを、空しくならないようにし、なんらの障害なく、すみやかに成就させようと思い、みないっしょに、この教えを体現する金剛手菩薩を、ほめたたえて、こうお述べになりました。

すばらしいことです、すばらしいことです、偉大な菩薩よ。
すばらしいことです、すばらしいことです、永遠の大いなる安楽よ。
すばらしいことです、すばらしいことです、大乗仏教の教えよ。
すばらしいことです、すばらしいことです、大いなる智恵よ。
まことによく、この最高の教えをお説きになったことよ。
ダイヤモンドのごとく堅固なこの経典を、聖なる力をもって、開示なさったことよ。

この上なく最高の教えの王者たるこの経典を、読誦し、その声を耳にし、心に絶えず思うならば、そのひとには、いかなる魔も危害をくわえることはできません。そのひとは、仏菩薩の最高の地位にのぼり、ありとあらゆる境地をすみやかに成就されるでありましょう。

ありとあらゆる如来たちと菩薩たちは、このように、金剛手菩薩と『理趣経』をほめたたえ終わると、この経典をあがめたてまつる者たちを、究極の悟りにみちびくために、みなそろって大いに歓《よろこ》び、この経典を深く信じ、心に絶えず思い、この経典が説くとおりの修行に励むことになったのでした。

仏像画像（出典）『大正新脩　大蔵経』図像第一巻・第三巻

理趣経の構成

密教に独特の解釈

仏教に限らず、宗教の世界では、自分たちがあがめる聖典にたいして、それぞれ独特の解釈をします。書かれた字句をそのまま素直に受けとることは、きわめてまれです。ふつうに読んだのではわからない深い内容が込められているとみなして、独特の読み方をするのです。第三者からすれば、深読みもよいところで、なかにはあまりに強引な解釈で、ついていけない場合すらあります。

密教もその例に漏れません。というより、密教ほど、深読みをし、独特の解釈をする事例はほかには見られないほどです。

なにしろ、密教です。秘密の教えです。余人に知らしめてはならない深い教えが、仏典に秘められていると考えるのです。

そもそも仏教には、ブッダが菩提樹《ぼだいじゅ》のもとで悟りを開いて以来、真理は言葉では伝えられないという大原則があります。いいかえれば、真理はみずからの心身をもって、体得するしかないのです。

とはいっても、仏教を広めるには、言葉をまったく使わないわけにもいきません。

現に、ブッダは、悟りを開いてから入滅されるまでの四五年間、言葉をもちいて、説法しつづけました。仏典とは、その言葉の記録にほかなりません。

つまり、仏教の歴史は、言葉によっては伝えられないとされる真理を、どう伝えるか。その葛藤《かっとう》の歴史だったといってもよいのです。

この問題について、密教はこう考えました。真理は言葉では伝えられないが、象徴によって伝えることは可能かもしれない……。ようするに、真理を、シンボルを駆使して伝えようということです。

もう少し具体的に説明すると、たとえば、真理を視覚化する、すなわち絵画や彫刻にして表現する方法です。言葉を介在させず、視覚に訴えて、真理を、感性をとおして一挙に伝えようというのです。その典型が曼荼羅《まんだら》です。

日本でもチベットでも、いわゆる仏教美術の大半は、密教美術によって占められています。その理由は、いま述べたようないきさつから、密教が美術の創造にきわめて熱心だったからです。

象徴をもちいるという方法は、仏典にも応用されました。その結果、密教経典には象徴的な表現がとても多くなりました。

まず、たとえ話がひじょうに多いのが特徴です。ですから、一読しただけでは、まるでSF小説を読んでいるかのような、荒唐無稽《こうとうむけい》な状況設定がされている場合も、たくさんあります。また、登場する仏菩薩《ぶつぼさつ》の容姿容貌《ようぼう》、装飾、所作について、しつこいくらい詳細な描写がされていることも、よくあります。

経典によっては、あまりに文飾過剰で、くどいので、読みとおすのは楽ではありません。その反対に、象徴が羅列されているだけで、具体的な説明がほとんどなく、読んでもさっぱり理解できない経典もあります。

しかし、これらの設定や描写は、ちゃんと意味があって、そうされているのです。逆にいうと、そういう前提を知らずに、密教経典を読んでも、意味がとおりません。密教経典が、数多い仏典のなかでも飛び抜けて難解とされる原因は、ここにあります。

一つ例をあげましょうか。『理趣経《りしゅきょう》』の「降伏《ごうぶく》の法門」には、以下のような文言があります。

(金剛手菩薩《こんごうしゅぼさつ》は) 降三世明王《ごうさんぜみょうおう》に変身して、両手に降三世の印をむすび、蓮《はす》の花のように美しいお顔に微笑を浮かべ、しかも怒りの形相凄《すさ》まじく、眉《まゆ》をひそめて両眼でにらみつけ、鋭い歯を食いしばり……。

ここに書かれている「蓮の花のように美しいお顔に微笑を浮かべ、しかも怒りの形相凄まじく」という表情は、まったく矛盾するもので、現実には不可能です。では、なぜ、そんな不可能なことが書かれているのでしょうか。そこには、深い意味があるのです。

この「降伏の法門」は、「邪悪で救いがたい者どもを討ち破って悟りへみちびく教え」を説いています。「邪悪で救いがたい者ども」は、通常の方法では救済できません。いたしかたなく、仏の慈悲にもとづく暴力が発動されます。

もうおわかりでしょう。「蓮の花のように美しいお顔に微笑を浮かべ」は、仏の慈悲を象徴しています。そして、「怒りの形相凄まじく、眉をひそめて両眼でにらみつけ、鋭い歯を食いしばり……」は、暴力を象徴しているのです。

この世の生きとし生けるもののすべてを救済することが仏教の目的ですから、ほんとうは暴力なんて使いたくありません。しかし、この世には、慈悲だけでは救いがたい者たちがいることも否定できません。そこで、やむなく、慈悲にもとづく暴力の出番となるのです。

もちろん、密教はこの間の矛盾をじゅうじゅう承知していました。それが、これらの文言となって、『理趣経』に書きとめられたのです。

『理趣経』には、このほかにも、象徴を駆使する表現が多々あります。むしろ、象徴を駆使しない表現はないといったほうがよいくらいです。

そして、その象徴を駆使した表現にたいし、弘法大師《こうぼうだいし》空海《くうかい》をはじめ、歴代の偉大な真言密教者《しんごんみつきょう》たちは、そこに秘められた深い意味を考えてきました。それらはさまざまなかたちで伝承され、伝統的な『理趣経』の解釈をはぐくんできたのです。

しかし、ここに大きな問題があります。それは、伝統的な解釈が、あまりに微に入り細に入りすぎていて、もしくはあまりにも深読みがすぎていて、現代人にはぴんとこない例が、少なからず見受けられるのです。

もちろん、伝統的な『理趣経』の解釈を正しく理解するためには、密教に関する予備知識も必要です。それも、尋常でない質と量の予備知識が必要です。よほど専門的に学んだ経験がないと、とてもついていけません。正直言って、アマチュアでは無理です。

そこで、本書では、こうすることにしました。伝統的な解釈は尊重しつつも、バランスを考慮して、過度におよばないようにしたのです。伝統的な解釈に関心をおもちの方には、末尾に掲載する参考文献のなかから、該当するものをお読みいただきたいと思います。

序分・正宗分・流通分

『理趣経』は、序分《じょぶん》・正宗分《しょうしゅうぶん》・流《る》通分《づうぶん》の三つの部分から構成されています。序分は、現代の論文にたとえれば、序説に当たります。正宗分は本論です。そして、流通分は、経典の功徳を述べる部分です。

『理趣経』の場合、厳密にいうと、序分と正宗分をどこで分かつかをめぐって、異なる説があります。もっとも、中間に位置する二〇字をどちらに配当するかという程度のことにすぎません。ですから、専門家はともかく、私たち一般人は問題にするまでもないと思います。本書では、真言密教界でひろくみとめられている、弘法大師空海の『理趣経開題』の分け方にしたがいます。

付加句―勧請句／啓請句・合殺・廻向文

いま現在、真言宗で常用経典として読誦《どくじゅ》されている『理趣経』には、もともとの訳文の前後に偈頌《げじゅ》、つまり詩のかたちで書かれた文言が付加されています。これを「付加句」といいます。

まず、経典のタイトル『大楽不空金剛真実三摩耶経《だいらくふくうこんごうしんじつさんまやきょう》』の前に、「帰命毘盧《みょうびる》遮那《しゃな》仏　無《む》染《ぜん》無着真理趣　乃至　弘法大師《こうぼうだいし》増法楽《ぞうほうらく》」という五句が付加されています（読みがなのないところは読経しません）。この五句を「勧請句《かんせいく》」あるいは「啓請句《けいせいく》」といいます。

「勧請／啓請」は、これから『理趣経』を読誦するにあたり、「毘盧遮那仏に帰依し、この絶対無比の教えを絶えることなく受け継ぎ、弘法大師の遺徳に感謝します」という意味です。

また、『理趣経』の末尾では、「毘盧遮那仏」を八回、連呼します。これを「合《かっ》殺《さつ》」といいます。この場合の「殺」は「散」という意味で、散乱していた心を集めて、一つにすることを意味しています。

そして、最後に「廻向文《えこうもん》」が唱えられます。「我等所修《がとうしょしゅ》三昧善　廻向《えこう》最上大悉事　哀愍《あいみん》摂受願海中　消除《しょうじょ》業障証三昧　天衆《てんじゅ》神祇増威光　当所《とうしょ》権現増法楽　弘法《こうぼう》大師増法楽　貴賤霊等成仏道　聖朝《しょうちょう》安穏増宝寿　天下《てんげ》安穏興正法　護持《ごじ》大衆除不祥　滅罪《めつざい》生善令満足　菩提《ぼだい》行願不退転　引導《いんどう》三有及法界　同一性故入阿字《どういつしょうこにゅうあじ》」の一五句です（読みがなのないところは読経しません）。

「自分たちが修行の結果として得た最上の境地を、生きとし生けるものすべてのもののために捧《ささ》げます。ありとあらゆる障害を消去し、悟りを得させます。天地の神々の威光を増し、この地を支配する神々を喜ばせ、弘法大師を喜ばせます。貴賤《きせん》を問わず、その霊を成仏させます。天皇家の安泰と長寿を祈ります。天下が安穏で、正法《しょうぼう》が盛んに流布するようにします。国中の人々を守護し、災いを除きます。生きとし生けるものすべての罪汚れを滅して、満足させます。悟りを求める心はけっして変わりません。三界《さんがい》の生きとし生けるものすべてを正しくみちびき、あいともに永遠の真理である阿字《あじ》に入ります」というくらいの意味です。

ちなみに、最後の「阿字」については、密教独特の意味があるので、説明が必要です。密教では、「阿＝A」という一文字には、永遠の絶対真理が秘められているとみなします。したがって、「阿字に入る」という文言は、永遠の絶対真理と一つになるという意味になります。永遠の絶対真理は、密教が最高の仏とあがめる大日《だいにち》如来《にょらい》にほかなりませんから、「阿字に入る」は、大日如来と一つになる、すなわち最高の悟りを得て、みずからが最高の仏になるということになります。

この「廻向文」は、ようするに、理趣経の教えをさずかった歓《よろこ》びを、神々はもとより、生きとし生けるものすべてのものに捧げて、上下貴賤を問わず、現世における福をもたらし、ついには悟りを得させ、幸せにしますという誓いの文言です。

問題はこれらの付加句が、いつ、誰によって、文字どおり付加されたかです。最近の研究では、一二世紀の後半といいますから、平安時代の末期には付加されていたようです。

しかし、誰によって、という疑問はまだ解けていません。また、「勧請文／啓請文」と「合殺」と「廻向文」が同時に付加されたわけではなく、付加された時期はそれぞれ異なるとみなされています。

以上のような事情を考慮して、本文では「勧請文・啓請文」と「合殺」と「廻向文」は省略させていただきました。

序分

序分では、『理趣経』が説かれる状況が説明されています。もう少し具体的にいうと、信仰告白・説法の時・説法する者・説法の場所・説法を聞く者について説明されています。この五つの要素を、伝統的な教学では、「信・時・主・処・衆」の「五成就《ごじょうじゅ》」とよびます。

信

ほとんどすべての仏典の冒頭には「如是《にょぜ》我《が》聞《もん》」(理趣経では「じょしがぶん」)という文言があります。「このように、私は聞いた」という意味です。ブッダの入滅後、その教えは、およそ四〇〇年近くも、口から耳へ、また口へと伝承されました。いわゆる口承です。やがて筆記されることになっても、そのなごりが「如是我聞」という文言でのこったのです。『理趣経』では、この「如是我聞」を、とくに「信」と称して、この教えを耳にする者すべてが、深い信仰を生じると主張します。この深い信仰をとおしてのみ、真理は伝達されるとみなすゆえです。

一時

『理趣経』が説かれたのは「一時」です。この場合の「一時」は、時間と空間を超越した「あるとき」という意味です。

顕教《けんぎょう》では、法が説かれたのは、過去のことです。いいかえれば、歴史上の話になります。しかし、密教では、大日如来が永遠に法を説きつづけているとみなしますから、時間も空間も超越しているのです。

教主

仏典では、教えを説く者を「教主」とよびます。『理趣経』の場合は「薄伽《ばが》梵《ぼん(ふあきやふあん)》」です。「薄伽梵」は、サンスクリット（梵語《ぼんご》）の「バガヴァット」を、漢字で音写した言葉です。「世にも尊き者」という意味から、ふつうは「世尊」と意訳されます。

ただし、弘法大師空海は、サンスクリットの単語にやや特殊な解釈をして、「世尊が大いなる智恵をもって、ありとあらゆる無明《むみょう》や煩悩を破る」とみなしています。

問題は、この「薄伽梵＝世尊」の具体的な名です。序分の教主は大毘盧遮那如《だいびるしゃなにょ》来《らい(ひろしやだじょらい)》、すなわち大日如来です。「毘盧遮那」は、サンスクリット（梵語）の「ヴァイローチャナ」、つまり「光り輝く者」を意味します。意訳すると、「大日如来」になります。言わずと知れた密教の中心に位置する仏です。

なお、序分につづく正宗分の初段から最後の第十七段までの教主は、段ごとに異なります。真言密教の教義では、教主は大日如来で一貫しているのですが、説法の内容に配慮して、さまざまな仏菩薩に変身して説法すると解釈されてきました。さらに多くの段では、大日如来がある特定の仏菩薩に変身するだけでなく、その仏菩薩が、また別の仏菩薩の境地に入って、説法するという形式をとっています。このあたりは、いかにも密教に独特の現象です。その結果、門外漢には、いったい誰が教主なのか、よくわからなくなります。

ひとこと申しあげておくと、大日如来がある特定の仏菩薩に変身するだけでなく、その仏菩薩が、また別の仏菩薩の境地に入って、説法するということは、ようするに大日如来が二度にわたって変身するとうけとってよいとおもいます。伝統的な教義からすれば、問題があるかもしれませんが、そうとでも考えなければ、門外漢には文字どおりちんぷんかんぷんです。

以下に、伝統的な解釈にしたがって、各段の教主をリストアップしておきます。ご覧いただけばおわかりのように、各段の教主は、表面にあらわれている教主と、その正体とが、複雑にいりまじっています。おおむね、（　）のなかに書かれている名称が、その段の実際の教主と考えていただいて、よいとおもいます。

［初段］大日如来（法身《ほっしん》大日如来＝真理そのものを身体とする大日如来）

［第二段］大日如来（報身《ほうじん》大日如来＝最高真理を成就した大日如来＊顕教の報身とは異なる）

［第三段］釈迦牟尼如来《しゃかむににょらい》（金剛手菩薩《こんごうしゅぼさつ》／阿閦如来《あしゅくにょらい》）

［第四段］得自性清浄法性如来《とくじしょうしょうじょうほうしょうにょらい》（観自在菩薩《かんじざいぼさつ》／観自在王如来）

［第五段］一切三界主如来《いっさいさんがいしゅにょらい》（虚空蔵菩薩《こくうぞうぼさつ》／宝生如来《ほうしょうにょらい》）

［第六段］得一切如来智印如来《とくいっさいにょらいちいんにょらい》（金剛拳菩薩《こんごうけんぼさつ》／不空成就如来《ふくうじょうじゅにょらい》）

［第七段］一切無戯論如来《いっさいむけろんにょらい》（文殊菩薩《もんじゅぼさつ》）

［第八段］入大輪如来《にゅうだいりんにょらい》（纔発心転法輪菩薩《ざいはっしんてんぼうりんぼさつ》）

［第九段］広大儀式如来《こうだいぎしきにょらい》（虚空庫菩薩《こくうこぼさつ》）

［第十段］能調持智拳如来《のうちょうじちけんにょらい》（摧一切魔菩薩《ざいいっさいまぼさつ》）

［第十一段］一切平　等建立如来《いっさいびょうどうこんりゅうにょらい》

［第十二段］大日如来

［第十三段］七母天《しちもてん》

［第十四段］三兄弟天《さんきょうだいてん》

［第十五段］四姉妹天《ししまいてん》

［第十六段］大日如来

［第十七段］五秘密尊《ごひみっそん》

説所

「説所」、つまり教えが説かれる場所は「欲界の他化自在天《たけじざいてん》」です。

欲界は、欲界・色界《しきかい》・無色界《むしきかい》から構成される三界《さんがい》の一つです。仏教では、三界は迷いの世界とみなされます。

欲界は、食欲や淫欲など、さまざまな欲望をもつものたちの世界です。六道《ろくどう》のうちの天道を除く地獄・餓鬼・畜生・修羅《しゅら》・人と、四天王衆天《してんのうしゅてん》・三十三天・夜摩天《やまてん》・兜率天《とそってん》・楽変化天《らくへんげてん》・他化自在天の六欲天《ろくよくてん》から構成されています。

ちなみに、色界は、食欲と淫欲の二つの欲望を離れたものたちが住む世界で、欲界の上にあり、四禅天《しぜんてん》にあたるとされます。色界はまだ物質的な存在を離れていないので、眼に見える世界です。無色界は、精神的な要素だけからできている世界で、色界の上にありますが、物質的な存在を離れているので、もはや眼には見えません。識無辺処天《しきむへんじょてん》・空無辺処天《くうむへんじょてん》・無所有処天《むしょうしょてん》・非想非非想処天《ひそうひひそうしょてん》の四つから構成されます。

『理趣経』が説かれる場所の「欲界の他化自在天」は、いまも述べたとおり、欲界のいちばん上に位置します。古代インド宇宙論では、宇宙の中心には須弥山《しゅみせん》（メール山／スメール山）がそびえていると考えられていましたが、他化自在天はそのはるか上空にあたります。

興味深いのは、『理趣経』が欲界で説かれている点です。『理趣経』は人間の欲望を最大のテーマとしていますから、欲界で説かれるという設定は当を得ています。

他化自在天は、大乗仏教の伝統では、般若の智恵によって教化《きょうけ》される場所とされています。ですから、般若経の系統に属する『理趣経』が説かれる場所として、まことにふさわしいといってよいでしょう。

その他化自在天に、摩尼宝《まにほう》でつくられた大宮殿があります。摩尼宝は水晶・瑪《め》瑙《のう》・摩尼（球形で上部が尖《とが》っている珠）・琥珀《こはく》・瑠璃《るり》の五宝《ごほう》をさします。

この大宮殿は、以上の五宝と八柱《はっちゅう》でできています。真言密教では、五宝は金剛界《こんごうかい》曼荼羅の「五智《ごち》」、八柱は胎蔵《たいぞう》の「八葉《はちよう》」を、それぞれ象徴するとみなします。「五智」は、大日・阿閦・宝生・無量寿《むりょうじゅ》（阿弥陀《あみだ》）・不空成就の五人の如来たち、すなわち五智如来を意味します。「八葉」は、胎蔵曼荼羅の中心に位置する中台八葉院《ちゅうだいはちよういん》に坐《ざ》す大日・宝幢《ほうどう》・開敷華王《かいふけおう》・無量寿・天鼓雷音《てんこらいおん》の五如来と、普賢《ふげん》・文殊《もんじゅ》・観自在・弥勒《みろく》の四菩薩を、さしています。ようするに、ここには金剛界と胎蔵の中心メンバーが勢ぞろいしているのです。

さらに、ここには八〇億もの菩薩たちもいます。その代表が、金剛手菩薩をはじめ、具体的に名をあげられている八人の大菩薩たちです。この八人の菩薩たちは、『理趣経』の第三段から第十段までに登場し、ひとりひとりその悟りの境地を説くという役割を演じることになります。

なお、この八大菩薩は、それぞれ以下のようなことがらをつかさどっています。金剛手菩薩→菩提心《ぼだいしん》（悟りを求める心）／観自在菩薩→慈悲／虚空蔵菩薩→無限の富／金剛拳菩薩→修行／文殊師利菩薩→般若の智恵／纔発心転法輪菩薩→教化活動／虚空庫菩薩→供養／摧一切魔菩薩→煩悩退治です。

聞き手

説法を聞くのは、八大菩薩をはじめとする聴衆たちです。その数は「八十倶胝《くち》」と書かれています。「倶胝」は膨大な数をあらわす単位で、どれくらいの数をさしているのか、をめぐってはいろいろな説があります。ほぼ無限大とみなしていただければ、よいでしょう。

その膨大な数の聴衆のなかで、中心に位置するメンバーが八大菩薩です。具体名をあげると、金剛手菩薩・観自在菩薩・虚空蔵菩薩・金剛拳菩薩・文殊師利菩薩・纔発心転法輪菩薩・虚空庫菩薩・摧一切魔菩薩です。

とりわけ、金剛手菩薩は重要です。別名を金剛薩埵《こんごうさった》ともいい、多くの密教経典で、大日如来のお相手をつとめる役割を演じています。伝統的な用語でいうと、「対告衆《たいごうしゅ》」です。

真言密教の伝統では、金剛薩埵は大日如来の直弟子《じきでし》とみなされ、第二祖という格別の地位にあります。ようするに、仏と衆生をむすぶ接点の役割を果たしているのです。

その起源はすこぶる古く、原始仏教において、ブッダを守護する侍衛者にまでさかのぼります。さらに、バラモン教を代表する偉大な神の一人、インドラ神こそ、金剛薩埵の原型ともいわれているのです。たしかに、金剛薩埵がかならず右手にもっている金剛杵《こんごうしょ》は、もとはといえばインドラ神がもっていた、雷電を象徴する武器でした。

真言と変身

各段の最後では必ず、その段の教えを凝縮する一文字の真言が説かれます。これは密教に特有の表現です。

弘法大師空海は『般若心経秘鍵《はんにゃしんぎょうひけん》』という書物のなかで、「真言は不思議なり。観誦《かんじゅ》すれば無明《むみょう》を除く。一字に千理を含み、即身に法如を証す」と述べています。「真言とは不思議なものである。心に思いうかべつつ唱えれば、闇《やみ》のごとき迷いを消し去ってくれる。たった一文字にあまたの真理を含み、生きとし生けるこの身体のままで、仏の境地に達することができる」という意味です。それくらい、真言は重視されるのです。

『理趣経』ではその真言を唱えるにあたり、大概の場合、唱え手の仏菩薩が、その教えにふさわしい姿に変身します。文字どおり、もっとはっきり眼に見えるかたちで、明らかにしようとするためです。これもまた、密教ならではの表現です。

初段

初段からいきなり『理趣経』のメインテーマが説き明かされます。それが「十七清浄句《じゅうしちしょうじょうく》（せいせいく）」です。

「句」は、サンスクリットの「パーダ」という言葉の訳語で、ふつうは「境地」とうけとられています。その境地が全部で十七あるので、十七清浄句となります。

じつは、この「十七」という数は、訳本によってかなり異なります。玄奘三蔵《げんじょうさんぞう》の訳本では六十九もあります。それどころか、チベット訳本のなかには、なんと百五十という数字さえ見られます。反対に、不空の師だった金剛智《こんごうち》の訳本では十三しかありません。

では、なぜ、不空が翻訳した『理趣経』は「十七」なのか。この疑問について、専門家たちは曼荼羅を構成するうえで、この数がもっとも整合性があったからではないか、と考えているようです。この問題はあまりに難しいので、本書では割愛させていただきます。関心のある方は、参考文献をお読みください。

さて、次の課題は「清浄」という言葉の意味です。これまた、諸説あります。

もちろん、ただ単に「きれい」とか「汚れない」ということではありません。もっと深い意図が込められています。

この点について、現代における『理趣経』研究の筆頭に位置する松長有慶師（高野山《こうやさん》真言宗元管長）は、「自己と他者の区別を捨てた状態」こそ「清浄」の真の意味だと述べています。私もこの見解に賛意をあらわしたいと思います。

そもそも、大乗仏教の根本的な考え方は「自利利他《じりりた》」です。自己の救済と他者の救済は、不可分の関係にあるという意味です。つまり、悟りを開こうとするのであれば、まずもって他者の救済を果たさなければならないというのです。さらには、自分の悟りなど、そっちのけにして他者の救済に邁進《まいしん》してこそ、はじめて自分の悟りが成就するというのです。

たとえば、『大日経』には「三句の法門」という有名な文言があります。「菩提心《ぼだいしん》を因とし、大悲《だいひ》を根《こん》とし、方便を究竟《くきょう》となす」です。悟りを求める心から出発し、大いなる慈悲にもとづいて活動し、具体的な実践こそ最高！ という思想です。ごく簡単にいってしまえば、あれこれ理屈をいわず、ともかく眼前に苦しむ者を救え！ということです。

そして、以上に述べたことがらを実践するには、「私」と「あなた」という関係を討ち破らなければならないと、大乗仏教は主張します。「私」と「あなた」、やや堅い表現を許していただければ、自他の区別があるかぎり、真の他者救済は実現せず、結果的に自分の悟りも開けないというのが、大乗仏教の根本理念なのです。

この事情に照らしてみるとき、松長有慶師の「自己と他者の区別を捨てた状態」こそ「清浄」の真の意味だという見解は、まことに当を得たものと理解できるのです。

ただし、この見解は、あくまで究極の立場です。そこにたどりつくまでの途上の段階においては、「清浄」を「きれい」で「汚れない」状態と解釈しても、許されるはずです。もし仮に、そうでないと、『理趣経』の教えはとてつもなく高尚になってしまい、誰にも実現することができない、いわば机上の空論と化してしまう危険性があります。それでは、実践を最高の美徳とみなす真言密教の教えから、とおざかってしまうでしょう。

性と密教

性は、宗教にとって、禁じられた領域です。仏教も例外ではありません。現に、ブッダが、弟子たちに要請したのは「梵行《ぼんぎょう》」、つまりきびしい禁欲生活でした。そのタブーにあえて挑んだ唯一の宗教、それが密教です。世界中をみわたしても、性の問題にここまで鋭く挑んだ宗教は、密教のほかにありません。

『理趣経』の初段では、まず最初に「妙適清浄《びょうてきせいせい》」、すなわち性の快楽は清浄《しょうじょう》であって、それはそのまま「菩薩の境地」であると宣言されます。この宣言は、いわば総論にあたります。

以下、第二句から第九句までは、男女のあいだに展開される性的な行為を、八種類に分類して、それらがことごとく清浄であり、菩薩の境地にほかならないと説かれています。

ついで、第十句から第十三句までは、心身にまつわる四つの快適さも、清浄であり、菩薩の境地にほかならないと説かれています。この四つの句については、自然界の移り変わりもまた清浄であって、仏が衆生を教化するための活動にほかならないと説いているという解釈もあります。

最後の第十四句から第十七句までは、人間の五感の活動が列挙され、これらもまた清浄であって、仏の活動の一環として、語られているのです。仏教では、五感は人間を惑わす原因として糾弾されるのがふつうですから、『理趣経』の容認姿勢は特異といってよいのです。

訳文について、ひとこと申しあげておくと、「○○清浄句是菩薩位《せいせいくしほさい》」という文章は、「○○は、その本性が清浄なのですから、それは菩薩の境地そのものなのです」と訳しています。この訳文に、文法上は、なんら問題はありません。

しかし、仏教に精通していない者にとっては、どこか腑《ふ》に落ちない感じがあります。また、誤解を招きかねない表現でもあります。

事実、この表現を盾にとって、性行為はそのまま仏の境地の実現なのだから、性行為で悟れると主張する人々が、日本にも出現しました。それが史上、邪教として名高い立川流《たちかわりゅう》です。

性にまつわるさまざまな行為が清浄だと認識できるのは、悟りの境地に到達した者だけなのです。いいかえれば、悟りに到達した仏菩薩たちの眼から見たとき、性行為は清浄なのです。ですから、私たちのような凡夫の眼に、そう見えるとは限りません。たぶん、そうは見えないというのが、現実でしょう。

じつは仏典というものはどれも、原則として、仏菩薩の眼から見た世界を語っています。私たちの眼から見た世界ではありません。こういう語り方を、専門的には「仮説《けせつ》」あるいは「仮設《けせつ》」といいます。

たとえば、『般若心経』の有名な「色即是空《しきそくぜくう》」、「色形有るものは空である」という一説も、仮説です。空はからっぽとか、中身が無いという意味ですので、「色即是空」はこの世の森羅万象はことごとくからっぽであり、中身が無いという意味になります。でも、それを如実に実感できる人が、いったい幾人いるでしょうか。おそらく、皆無に近いでしょう。「〇〇清浄句是菩薩位」も、同じことです。

このような事情を考慮して、本書では、「〇〇清浄句是菩薩位」という文章を、「〇〇という行為は、その本性が清浄なのですから、菩薩の境地そのものなのです」と訳しました。やや強引かもしれませんが、このほうが『理趣経』の真意は伝えやすいと思います。

それにしても、男女の性行為を、ここまで大胆に論じ、しかも肯定した仏典は希有《けう》です。結局のところ、『理趣経』は、人間のもっとも人間的な行為であり、同時にもっとも動物的な行為にほかならない性行為をとおして、人間という存在をまるごと肯定しているといっても過言ではありません。これこそ、密教の密教たるゆえんでもあります。

もうひとつ、ぜひ指摘しておきたいことがあります。それは、第十句から第十三句に、自然界の四季の移り変わりもまた清浄であって、仏が衆生を教化《きょうけ》するための活動にほかならないと説かれている点です。初段はともすると、性にまつわることがらばかりが、注目されがちです。しかし、自然のいとなみもまた、仏が衆生を教化するための活動とみなされているところは、大きな意味をもっています。

ここでは、人間の性行為も自然の四季の移り変わりも、仏の眼から見れば、同じだと主張されているのです。密教の理論では、この世の森羅万象はすべて大日如来のあらわれにほかなりません。人間も自然もともに、大日如来を構成する、いわば部品なのです。したがって、密教の専門用語でいえば、人間も自然もまったく「平等」です。

弘法大師空海は『吽字義《うんじぎ》』という書物のなかで、「草木また成《じょう》ず。いかにいわんや有情《うじょう》をや（草木ですら成仏するのだ。人間が成仏できないはずはない）」と述べています。『理趣経』も、まさしく同じ思想を主張しているのです。

第二段

第二段では、大日如来が、自分およびありとあらゆる如来たちによって明らかにされた悟りの内容を、四つの智恵として、説いていきます。明らかにされた悟りとはもちろん、この世の生きとし生けるものすべても、また森羅万象も、ことごとく清浄だという認識です。

ここには「一切如来」という文言が出てきます。そのまま直訳すれば、「ありとあらゆる如来たち」です。この場合、「一切如来」には、大日如来も含まれています。

理趣経にはたびたびこの「一切如来」が登場します。意味は、いまも述べたとおり、「ありとあらゆる如来たち」ですが、ときとしては、この世の生きとし生けるものすべて、あるいは森羅万象を意味していることもあります。このあたりは密教に特有の難解な点ですが、そもそもこの世の生きとし生けるものすべても、森羅万象も、ことごとく大日如来を構成する、いわば部品なのですから、「一切如来」がそれらすべてを意味しているとしても、話の筋はちゃんと通ります。

この段で明らかにされる悟りの四つの智恵は、金剛平等・義平等・法平等・業平等といい、「平等」を本質としています。真言密教の教義では、金剛界曼荼羅の東・南・西・北を構成する四人の如来の悟りの智恵とみなされています。すなわち、金剛平等は阿閦如来《あしゆくにょらい》の悟りの智恵、義平等は宝生如来の悟りの智恵、法平等は無量寿如来（阿弥陀如来）の悟りの智恵、業平等は不空成就如来の悟りの智恵にあたります。

第三段

第三段は、初段と並んで、『理趣経』のなかでももっとも深刻な問題をはらむ章です。もしかしたら、その深刻さは、初段以上かもしれません。

この段のテーマは、克服しがたい内外の敵に、いかにして打ち勝つかです。内の敵とは、煩悩です。外の敵とは、仏教を破壊する勢力です。

その内容を反映するかのように、大日如来が変身した教主の釈迦牟尼如来は、さらに降三世明王《ごうざんぜみょうおう》という恐ろしいすがたに変身し、説法します。もっとも、経典の文言そのものには、釈迦牟尼如来が降三世明王に変身してうんぬんという箇所は見当たりません。しかし、この段の末尾に、金剛手菩薩が「降三世の印をむすび」という記述が見られることもあって、真言密教にはそう解釈してきた伝統があるのです。

降三世明王は、顔は三つもしくは四つ、眼は三つ、腕は六本もしくは八本。怒りの形相凄《すさ》まじく、多くの手には武器をもっています。サンスクリットでは「トライローキヤヴィジュヤ」といい、「トライローキヤカルトリ（三界の主）」という異名をもつヒンドゥー教の破壊神シヴァを「征服する者」を意味しています。真言密教の伝統では、金剛界大日如来の忿怒形とみなされます。

この段の教えは、こういう内容です。いわゆる貪瞋痴《とんじんち》の三毒、つまり貪欲と怒りと愚かさもまた、悟りの境地から見れば、清浄きわまりなく、良いとか悪いとかいう対立を超えた絶対である。かくしてつまるところ、この世のありとあらゆるものはすべて清浄きわまりなく絶対であるという真理について、語られます。

問題はこのあとです。誰であろうと、以上のような教えを、心にとめて忘れないようにし、読誦《どくじゅ》するならば、その人は、たとえ全宇宙の生きとし生けるものことごとくを殺害するようなことをしても、絶対に地獄に堕《お》ちたりはしない。それどころか、欲望と怒りと愚かしさという煩悩を克服し、真理に目覚める結果をまねいて、すみやかに無上の悟りを得られると説かれているのです。

この衝撃的な文言を、私たちはどううけとめたらよいのでしょうか。これまで、それはあくまで比喩《ひゆ》的な表現であり、インドの宗教界でまま見られたように、いささかならずおおげさな表現だとうけとられてきました。

しかし、松長有慶師によれば、サンスクリット原文の構造やチベット語訳文からみて、けっして比喩ではありません。むしろ、現実の行為として理解する必要があるのです。

じつは、大乗仏教のなかには、ごくごくまれではありますが、大いなる慈悲にもとづき、おおぜいの人々を救済するためとか、ある人物を悪しき業から解放するためならば、殺人が許されるという考え方があります。むろん、そういうさいは、怨恨とか怨念がほんのちょっとでもあってはなりません。あくまで大いなる慈悲にもとづく行為でなければならないのです。

わりあい平和に暮らせて、なによりも生命を重視する現代人と、虐殺や餓死など、過酷な現実に直面せざるをえなかった古代人や中世人では、価値観が異なるといってしまえば、それまでかもしれません。しかし、そうはいっても、平和で穏健な態度で知られる仏教に、殺人の正当化が実在する事実は、多くの方にとっては衝撃でしょう。

正義とはなにか。正義の名のもとに、非正義の者を死に至らしめることは、容認されるのか。こういう課題を、現代人である私たちは、まだ克服していません。そう考えれば、『理趣経』の第三段が提起する問題は、すこぶる現代的ともいえます。『理趣経』が門外漢に秘されてきた背景には、この第三段の記述がかなり影響していたにちがいありません。

この第三段の末尾では、例によって、金剛手菩薩がこの段の教えを一文字の真言に凝縮しています。そのとき、金剛手菩薩は、蓮《はす》の花のように美しいお顔に微笑を浮かべ、しかも怒りの形相凄まじく、眉《まゆ》をひそめて両眼でにらみつけ、鋭い歯を食いしばり、ありとあらゆる邪悪な者どもを討ち破る姿で、お立ちになったと描写されています。

しかし、「蓮の花のように美しいお顔に微笑を浮かべ、しかも怒りの形相凄まじく、眉をひそめて両眼でにらみつけ、鋭い歯を食いしばり……」という表情は、実際にはありえません。矛盾の極みです。

では、なぜ、こういうありえない表現がされているのか。その答えは、おそらく、第三段の教えは、こういう矛盾した表情でしか表現できないからなのでしょう。

思えば、性の問題といい、殺の問題といい、ほかの仏典が避けてとおった深刻な課題を、理趣経はけっして逃げず、正面からとりあげています。その意味を、私たちは深く考察してみる必要がありそうです。

第四段

第四段では、この世のありとあらゆる存在や行為が、平等であるという教えが説かれます。平等であるゆえんは、これらがことごとく清浄であるという本質を共有しているからです。

この段の教主とされるのは、大日如来が変身した得自性清浄法性如来です。この如来は、観自在王如来とも無量寿如来（阿弥陀如来）とも、あるいは観自在菩薩ともいわれます。はっきりいって、よくわかりません。また、東に阿閦如来、南に宝生如来、西に無量寿如来、北に不空成就如来という金剛界曼荼羅の構成からすると、第四段では宝生如来が教主になるはずですが、そうなっていません。このあたりは古来、真言密教界では問題とされ、さまざまな説が唱えられてきました。しかし、それらはあまりに専門的で、私たちにはいかにも迂遠《うえん》ですので、ここではふれないことにします。

第四段の論理は、①ありとあらゆる貪欲は清浄→②ありとあらゆる怒りは清浄→③ありとあらゆる愚かしさは清浄→④ありとあらゆる罪障は清浄→⑤ありとあらゆる存在は清浄→⑥この世の生きとし生けるものすべては清浄→⑦ありとあらゆる智恵は清浄→⑧般若の智恵は清浄というぐあいに、展開されていきます。

伝統的な教義では、これら八つの要素を、二つずつまとめ、つごう四つに分かち、「四種不染《ししゅふぜん》」と称します。第二段がそうであったように、『理趣経』ではなにかにつけて、四つのカテゴリーにまとめ、全体の構造を説明しようとする傾向があります。ただし、どれとどれを組み合わせるかをめぐっては諸説あり、これまたやたら七面倒な話になるので、割愛させていただきたいと思います。

第五段

第五段では、大日如来が変身した宝生如来が教主となって、私たちが実践すべき布施について、説法します。宝生如来は、その名がしめすとおり、豊穣をつかさどる仏ですから、第三段などとは一転して、話は明るくなります。やや詳しく述べれば、宝生如来が、無限の福徳をつかさどる虚空蔵菩薩の悟りの境地に入って、説法するのです。

布施行についてもまた例によって、四つのカテゴリーが語られます。①修行者自身が虚空蔵菩薩になる灌頂施《かんじょうせ》、②修行者にほどこす義利施《ぎりせ》、③眼には見えない天界や冥界《めいかい》の住人などにほどこす法施《ほうせ》、④畜生にほどこす資生施《しせいせ》です。なお、義利施は金銭的なほどこし、資生施は生活をささえる財物のほどこしという説もあります。

「灌頂」は、密教を修学するに際して、必ずいとなまなければならない儀式です。古来、灌頂を受けなければ、密教は修学できない規定になっているのです。それくらい、重要な儀式です。その言葉どおり、頭頂部に聖水をそそぐ行為であり、古代インドの帝王が王位につくときにいとなんだ儀礼に起源をもつといいます。

『理趣経』は、日常的に読誦されるだけでなく、寺院や仏像の落慶法要にあたっても、よく読誦されます。その理由は、この第五段にあるようです。なにしろ、読誦すれば、無限の福徳を約束してくれるのですから、読誦しないほうはありません。

第六段

第六段では、大日如来が変身した不空成就如来が教主となって、この世の生きとし生けるものすべてを救済するための活動について、四つの領域に分け、説法します。その四つの領域とは、①身体②言語③精神の三領域と、④それらを統合した領域から構成されています。そして、それらの四つの領域は、真言密教の伝統的な教義ではそれぞれ、金剛業菩薩《こんごうごうぼさつ》・金剛護菩薩《こんごうごぼさつ》・金剛薬叉菩薩《こんごうやくしゃぼさつ》・金剛拳菩薩の悟りの境地にあたるとみなされてきました。

身体・言語・精神の三領域は、伝統的な用語では「三密」もしくは「三業《さんごう》」とよばれ、これらの三領域をもって、人間の活動をすべて網羅できると考えられています。

第七段

第七段では、大日如来が一切無戯論如来に変身し、さらに文殊菩薩に変身して、五字輪を転じる秘密の修法《しゅほう》を説法します。五字輪とは、文殊菩薩の真言をア・ラ・パ・チャ・ナの五文字に分解し、右回りに回転させる瞑想《めいそう》を意味します。その展開は、①この世のありとあらゆるものはすべて空《くう》→②この世のありとあらゆるものはすべて無相→③この世のありとあらゆるものはすべて無願→④この世のありとあらゆるものはすべて光明とされます。

空は実体をもたないこと。無相はすがたかたちにたいするこだわりを捨てること。無願は執着を捨てること。そして、光明は「清浄光明」であり、絶対の真理が光明のかたちであらわれることを意味しています。

ただし、この場合の光明は、通常の光ではありません。言葉では表現できない、なにか特別な境地をさしています。どんな言葉でも表現できないので、仮に光とか光明と呼んでいるだけです。瞑想をしていて、光を見たから、自分は高い境地に到達したと誤解する人がいますが、それは低次元の現象にすぎません。

伝統的な教義では、空は金剛利《こんごうり》菩薩《ぼさつ》の、無相は忿怒《ふんぬ》金剛利《こんごうり》菩薩《ぼさつ》の、無願は蓮華利《れんげり》菩薩《ぼさつ》の、光明は宝利《ほうり》菩薩《ぼさつ》の、境地にあたるとみなされてきました。

第八段

第八段では、大日如来が、ありとあらゆる如来たちの悟りの境地をあらわす金剛界大曼荼羅に入って入大輪如来に変身し、さらに纔発心転法輪菩薩（纔発意菩薩）に変身して、この世の生きとし生けるものすべてを、金剛界大曼荼羅に入らせ、住まわせるための智恵の教えを説法します。

ここで強調されるのは、密教の修行者が仏とまったく同じ本性をもつことを認識したうえで、いろいろな活動をすれば、この世の生きとし生けるものすべてを救済できるという点です。具体的には、①生きとし生けるものすべては、ダイヤモンドのごとき永遠不滅の菩提心（悟りを求める心）をもつこと。②この世の森羅万象にはなにひとつとして無駄なものはなく、なんらかの利益があること。③この世の森羅万象は蓮華のように清浄であること。④この世の森羅万象はそれぞれに活動できることです。

この四つの認識と活動は、伝統的な教義では、①金剛薩埵の悟り＝如来部の教え、②降三世金剛《ごうざんぜこんごう》（降三世明王）の悟り＝宝部《ほうぶ》の教え、③観自在菩薩の悟り＝蓮華部《れんげぶ》の教え、④虚空蔵菩薩の悟り＝羯摩部《かつまぶ》の教えに、それぞれあたるとみなされてきました。

第九段

第九段では、大日如来が、広大儀式如来に変身し、さらに虚空庫菩薩に変身して、この世の森羅万象すべてにたいする供養を説法します。その供養の方法は、例によって、四つあげられます。

①悟りを求めようとする心（菩提心）を起こすこと。②この世の生きとし生けるものすべてを救済すること。③諸仏のお説きになった経典を記憶すること。④理趣経の教えを記憶し、読誦し、自分で書写し、他人に書写させ、意味を深く考え、学び、実践することです。

そして、これら四つの供養は、①金剛部の如来たち。②宝部の如来たち。③蓮華部の如来たち。④羯摩部の如来たちそれぞれにたいする供養になると、伝統的な教義ではみなされてきました。

ちなみに、「部」はサンスクリットの「クラ」の訳語で、もともとは血縁関係のある一族を意味していました。密教は、発展の過程で、膨大な数の仏菩薩をかかえこみました。そのままではあまりにごちゃごちゃしていて、なにがなんだかよくわかりません。そこで、互いに関係の深い仏菩薩どうしを一つの部にまとめ、整理し統合しようとしたのです。

『理趣経』がかかわっている金剛界曼荼羅は、如来部・金剛部・宝部・蓮華部・羯摩部の五つの部から構成されています。ですから、第九段でいとなまれる四つの供養は、如来部をのぞく四つの部にたいする供養ということになります。

第十段

第十段は、大日如来が摧一切魔菩薩に変身して、いかなる悪をも降伏させる智恵にまつわる般若の教えを説法します。この設定からおわかりのように、第三段によく似た内容の段となっていますが、あれほど過激ではなく、殺害するとまではいっていません。

内外の魔を打ち破って、悟りの世界へみちびく教えは、この段では、五つの領域から説かれています。

①この世の生きとし生けるものすべては平等→怒りもまた平等に行使すべきである。

②この世の生きとし生けるものすべては平等→怒る者と怒られる者という対立は存在しない→あるのは、自他の区別を超える絶対の怒りのみである。

③この世の生きとし生けるものすべては清浄→怒りもまた清浄である。

④この世の生きとし生けるものすべては仏の三密（身体・言語・精神）をもっている→怒りもまた仏の三密の活動の一環である。

⑤ゆえに、怒りが存在する理由は、この世の生きとし生けるものすべてに、もともっている仏としての本性に気づかせて、悟りにみちびくためであるというのです。

第十一段

第十一段では、大日如来が普賢菩薩に変身して、この世の森羅万象が四部の曼荼羅のすぐれた徳をそなえていることを説法します。この段は、これまでに説かれてきた真理の世界にかんする内容を総合し、つぎの第十二段から説かれる世俗の世界にかんする内容に、うまくつなぐ役割を演じています。

もう少し具体的にいうと、第十段までは仏菩薩の世界であり、曼荼羅でいえば、中心にあたる領域の話でした。ところが、第十二段からは仏教とは縁の薄い者たちの世界であり、曼荼羅でいえば、外《げ》金剛部《こんごうぶ》にあたる領域の話になります。この性質の異なる二つの曼荼羅を、第十一段は統合しているのです。こうした事情から、第十一段は「真俗合明曼荼羅《しんぞくごうみょうまんだら》」とか「真俗合説曼荼羅《しんぞくがっせつまんだら》」とよばれてきました。

この段が説く曼荼羅は、もちろん四種類です。

①金剛部の大曼荼羅に入り、この世の生きとし生けるものすべてが、ダイヤモンドのごとき永遠不滅の菩提心をもち、しかも平等だとわかれば、般若の智恵も平等だとわかる。

②宝部の曼荼羅に入り、この世の生きとし生けるものすべてが、物心の両面において無限の富を秘めていることがわかれば、般若の智恵も無限の富を秘めていることがわかる。

③蓮華部の曼荼羅に入り、この世の生きとし生けるものすべてが、もとより清浄だとわかれば、般若の智恵ももとより清浄だとわかる。

④羯摩部の曼荼羅に入り、この世の生きとし生けるものすべてが、身体と言語と精神の活動によって、ありとあらゆる如来たちに供養していることがわかれば、般若の智恵も限りない供養の活動をしていることがわかる、と説かれています。

ここで「曼荼羅に入る」という表現が出てきました。じつは、この表現のとおり、曼荼羅とは、そのなかに入るものなのです。

ごく初期の曼荼羅では、地面に曼荼羅を描いて、実際にそのなかに入っていました。やがて曼荼羅が複雑化してくると、描かれた曼荼羅を前にして、自分自身が曼荼羅のなかに入るという瞑想をおこないました。そして、自分自身の身体と言語と精神を、曼荼羅のなかの仏菩薩の身体と言語と精神と重ね合わせ、ついには自分自身が曼荼羅を構成する仏菩薩になりきってしまうのです。そのとき、その人は、その仏菩薩がつかさどる真理を、文字どおり体得し、悟りにいたると密教はみなすのです。

第十二段

第十二段では、大日如来が変身せず、そのままの姿で説法します。説法の対象は、この世の生きとし生けるものすべてですが、伝統的な教義では、とりわけ外金剛部の諸天、つまりヒンドゥー教などから仏教に帰依《きえ》した神々とされてきました。説法の内容は、外金剛部の諸天もまた、もともと如来と同じ本質をもっているということです。それをまたもや四つの領域から説きあかすのです。

①この世の生きとし生けるものすべては、如来としての性質をもっている。なぜなら、みなことごとく、菩提心がそなわっているからである。

②この世の生きとし生けるものすべては、ダイヤモンドのごとき堅固な宝蔵をもっている。なぜなら、みなことごとく、互いのなかに無限の価値を見出《みいだ》す力がそなわっているからである。

③この世の生きとし生けるものすべては、真理を理解し、真理を表現できる能力

をもっている。なぜなら、みなことごとく、真理を語る言葉をつねに発しているからである。
④この世の生きとし生けるものすべては、無限の活動性をもっている。なぜなら、みなことごとく、自分と他者、善と悪というような対立を超え、一つとなる活動をおこなっているからである。
なお、これら四つの項目は、伝統的な教義では、①普賢菩薩、②虚空蔵菩薩、③観自在菩薩、④虚空庫菩薩の、それぞれの特性に対応しているとされてきました。

第十三段

第十三段から第十五段までは、第十二段で説法の対象とされた外金剛部の諸天をそれぞれ、七母天、三兄弟天、四姉妹天という三つのグループに分けて、論じています。これらの三段には、大日如来やその変身は登場せず、それぞれの天が自分の見解を述べるかたちになっています。

まず、第十三段では、七人の女神が、大日如来の御足《みあし》を自分の頭にいただくという儀礼をおこなったのち、見解を述べます。この七人の女神たちについては、諸説あります。ここではその一例をあげておきます。カウヴェリー、ラウドリー、カウマリー、ヴァイシュナヴィー、ヴァーラーヒー、アインドリー、チャームンダーといい、ヒンドゥー教の破壊神として知られるシヴァ神の、もっとも猛悪な性格をつかさどる大黒天《だいこくてん》（マハーカーラ）に、つかえていました。ですから、女神とはいっても、いずれも「女鬼」のたぐいで、とても恐ろしい存在です。

その証拠に、ここには「（獲物を）鉤《かぎ》をつかって、（ねぐらに）引き入れ、殺し、食う」という表現が出てきます。これは、かの女神たちが、仏教に帰依する以前は、日常的におこなってきた行為です。

しかし、仏教に帰依して以降は、同じてだてを仏教的に転換して、ふつうの方法では度し難い衆生を、仏教に引き入れ、さらに曼荼羅に誘い入れ、仏教にさからう悪しき心を殺し、悟りへとみちびいていると述べます。

第十四段

第十四段では、ヒンドゥー教出身の神々のなかでも、とくに地位の高いブラフマン（梵天）・シヴァ神・ヴィシュヌ神という三大神が、大日如来の御足を自分の頭にいただくという儀礼をおこなったのち、見解を述べます。ヒンドゥー教が仏教に降参した三大神がそろって仏教に帰依するということは、理趣経が成立するころ、ヒンドゥー教と熾烈《しれつ》な競争をくり広げていた仏教がわの対応がかいま見られて、興味深いものがあります。

もっとも、現実には、ヒンドゥー教の攻勢の前に、仏教は守勢をよぎなくされていました。そういう状況をなんとか変えたい。そんな思いが、この段にあらわれているようです。

第十五段

第十五段では、ヒンドゥー教出身の四人の女神たちが、自分たちの悟りの境地をしめす一文字の真言を、大日如来に捧げます。四人の女神とは、音楽をつかさどるツンブル神の妹たちで、ジャヤー、ヴィジャヤー、アジター、アパラージターという名です。伝統的な教義では、これらの四人の女神たちは、理想的な瞑想修行における四つの要素、つまり常住性・快楽性・存在性・清浄性を、それぞれ象徴しているとみなされてきました。

第十六段

第十六段では、大日如来が、これまで説かれてきた般若の教えに、聖なる力をくわえ、さらにさらに完成度を高めようと、この世の生きとし生けるものすべて、森羅万象ことごとくが、あらゆる功徳を兼ねそなえた存在であることを明らかにします。ようするに、この段は、これまで説かれてきた教えの総決算という位置づけにあるのです。

①般若の智恵は、時空を超えて無量であり、ゆえにこの世の生きとし生けるものすべても、森羅万象も、無量の広がりをもつ。

②般若の智恵は、時空を超えて無辺であり、ゆえにこの世の生きとし生けるもの

すべても、森羅万象も、無辺の広がりをもつ。③この世の生きとし生けるものすべても、森羅万象も、もとより清浄であり、ゆえに般若の智恵もまた清浄である。④この世の生きとし生けるものすべても、森羅万象も、つねに自利利他という大乗仏教の根本的な考え方にもとづく活動を展開している。ゆえに般若の智恵も、つねに自利利他という大乗仏教の根本的な考え方にもとづく活動を展開しているのである。

伝統的な教義では、この四つの教えがみな、如来の五智や五部の曼荼羅に対応すると説かれています。これまでの教えは、四という数にもとづいて説かれてきたのですから、矛盾します。この矛盾については古来、論議がありますが、門外漢にはあまりに難解なので、ふれないことにします。

第十七段

第十七段は、最後の段です。あらためていうまでもなく、初段とならんで、理趣経の全体像を提示する役割をになっています。

この段では、大日如来は、無戯論如来こと金剛薩埵に変身して、説法します。説法の中心は、『理趣経』が、ほかの仏典などまったく問題にならないくらい、すぐれた教えだと、述べることにあります。

第十七段は、別名を「五秘密品《ごひみつぼん》」と称することからわかるように、説かれる教えは五つです。ここでは、『理趣経』にもとづいて修行にはげむ者にたいする五つの要請と、その結果が明かされます。

①この世の生きとし生けるものすべてを救済しようという、大いなる欲望を起こすこと。それが成就するとき、大いなる楽の最高の境地もまた成就する。

②大いなる楽の最高の境地を成就すること。それが成就するとき、最高の悟りの境地を得ることができる。

③最高の悟りの境地とされる、金剛薩埵の悟りの境地を得ること。それを得るとき、最高の結果をたちどころに得ることができる。

④最高の結果を得ること。最高の結果を得るとき、全宇宙のどこであろうと、自在に活動できる最高の結果を得ることができる。

⑤全宇宙のどこであろうと、自在に活動できる最高の結果を得ること。そのとき、

全宇宙の生きとし生けるものすべてを、正しい道にみちびきいれ、このうえない最高の安楽にほかならない悟りの境地に、いっしょに入ることができる。

ご覧のように、これら五つの項目は、ただたんに羅列されているのではありません。①→②→③→④と、段階を追って進んでいき、最後の⑤にいたったとき、理趣経の教えが成就するという構造になっています。これこそ、まさに大乗仏教の真髄といってよいのです。とかく密教というと、偏見をもたれがちです。しかし、この段を見れば、密教こそ、大乗仏教の正統な申し子であることが、よくわかります。

百字の偈

「百字の偈《げ》」は、『理趣経』の教えを百字の偈（詩句）にまとめたもので、五字四句から構成される詩句が、五種類ならんでいます。

古来、すこぶる名高い偈であり、よく読誦され、また書写されてきました。内容は訳文のとおりで、いまさら説明するまでもないでしょう。真言密教を信仰する者がなすべきこと、とるべき道を、これほどみごとに語る文言は、ほかにはまずありません。じっくり味わっていただきたいとおもいます。

讃嘆・流通分

仏典の末尾には、必ずといってよいほど、讃嘆《さんだん》と流通分《るづうぶん》とよばれる部分が付けられています。讃嘆はこの仏典をほめたたえる部分であり、流通分は経典の功徳を述べる部分です。

原始仏典でも、ブッダや仏弟子たちが説法を終えると、必ず讃嘆の言葉が述べられ、この教えを広く流布しようという決意が語られます。『理趣経』もまた、その伝統を継いで、讃嘆と流通分が付けられているのです。

内容的にはほぼ定型があり、『理趣経』もそれを踏襲しています。一つだけ注意すべき箇所は、最後の行に出てくる「一切如来」という五句の解釈です。通常は「ありとあらゆる如来たち」と解釈されます。しかし、『理趣経』の第十六段とこの讃嘆・流通分にかぎっては、松長有慶師の見解にしたがって、「この教えを聞いていたありとあらゆる如来たち」＋「この教えを聞いていた生きとし生けるものすべて」と解釈すべきだと考えます。このほうが、『理趣経』の真意をよりよく伝えているといると思うからです。

理趣経の曼荼羅

密教と曼荼羅

密教には曼荼羅《まんだら》が付きものです。密教経典の多くは、曼荼羅を説くことに、記述の大半をあてていると言っても良いくらいです。もちろん、『理趣経《りしゆきよう》』にも曼荼羅があります。現に、全体が九つの曼荼羅で構成される金剛界《こんごうかい》曼荼羅には、右上のところに、「理趣会」とよばれる曼荼羅が描かれています。

ところが、『理趣経』そのものには曼荼羅にかんする記述がありません。そこで真言密教《しんごんみつきよう》では、『理趣経』の翻訳者である不空《ふくう》が同じく翻訳した『大楽金剛不空真実三昧耶経般若波羅蜜多理趣釈《だいらくこんごうふくうしんじつさんまやきようはんにゃはらみったりしゆしやく》(理趣釈経)』と『一十七聖大曼荼羅義述《いちじゆうしちしようだいまんだらぎじゆつ》』という書物の記述をもとに、『理趣経』の曼荼羅を描いてきました。

そもそも、密教経典は、本文を読んだだけでは、その真意は把握できないとみなされてきました。理由はいろいろあります。一つの言葉に複数の意味が込められているとか、常識外れの極端な譬喩《ひゆ》が多用されるとか……。ようするに、経典の文言を、そのまま素直に受けとってはならないというわけです。

そこで、注釈書が不可欠になります。『大日経《だいにちきよう》』に『大日経疏《しよ》』が欠かせないように、『理趣経』には『理趣釈経』が欠かせません。

『理趣経』は、不空が翻訳したと言われますが、この時代の翻訳者は、原典を忠実に翻訳するにとどまらず、自身の見解を訳文の中に混入させる場合もよくありました。ですから、『理趣釈経』にも不空の見解が入っている可能性が否めません。この点は注意が必要です。

『理趣釈経』には、『理趣経』の各段（各章）ごとに、曼荼羅が一つずつ説かれています。『理趣経』は「序説（序分）」につづき、「本論（正宗分）」が十七段あるので、曼荼羅も全部で十八あります。

では、なぜ、曼荼羅が説かれるのか。その理由を、空海《くうかい》はこう語っています。


密蔵《みつぞう》は深玄にして翰墨《かんぼく》に載せ難し。更に図画《とが》を仮りて悟らざるに開示す。

密教の教えは深く神秘的なために、文字では伝えがたいのです。そこで図画をもちいて、理解できない人の眼を開くのです。（『請来《しょうらい》目録』）

この原則にくわえて、現代における曼荼羅研究の第一人者というべき田中公明《たなかきみあき》氏は、『理趣経』の曼荼羅について、こう述べています。

> 仏教は種々の教理概念や真言・陀羅尼などを尊格化してきた。ところが『理趣経』では、聖典に説かれる一々の教理命題の尊格化が試みられた。それぞれの教理命題を修習すれば、対応する尊格の悟りの境地（三摩地）を体験でき、さらにそれぞれの尊格が集会する曼荼羅を観想すれば、その思想の全貌が理解できるという、教理命題と尊格の一対一の対応関係が確立したのである。（『インドにおける曼荼羅の成立と発展』一五七頁）

『理趣経』では、曼荼羅の機能がこれほどまで充実しているというのであれば、曼荼羅にふれないわけにはいきません。

『理趣釈経』に説かれる曼荼羅は、不空がみずから翻訳した『金剛頂《こんごうちょう》経《きょう》』を至高の経典とみなしていたために、『金剛頂経』に説かれる曼荼羅を原型としています。より正確には、『金剛頂経』の初期版だった『初会《しょえ》金剛頂経（真実摂《しんじつしょう》経）』に説かれる曼荼羅を原型としています。

話がややこしくなりますが、『金剛頂経』という密教経典は、時代とともに拡大していき、最終的には不空が翻訳した版を大きく超える規模にまで発展しました。

それらと区別するために、不空訳の版は『初会金剛頂経』あるいは『真実摂経』と呼ばれてきたのです。日本密教が『金剛頂経』というとき、それはもっぱら不空訳の版を指しています。

不空訳の『理趣釈経』ならびに『二十七聖大曼荼羅義述』にもとづく『理趣経』の曼荼羅は、日本では十種類ほどがあげられます。もっとも有名な作例は、宗叡《しゅうえい》（八〇九〜八八四）という真言宗の僧侶《そうりょ》が唐《とう》から持ち帰ったとされるものですが、『理趣釈経』や『二十七聖大曼荼羅義述』の記述とは必ずしも一致しません。そこで、いろいろ改訂版が登場しましたが、どれも決定版とは言いかねるようです。

したがって、以下では、『理趣釈経』の記述に、可能な限り、忠実にもとづく曼荼羅を提示したいのですが、問題が残っています。『理趣釈経』の記述そのものが、完璧《かんぺき》とはとても言えないのです。たとえば、もっとも重要な中尊の像容が説かれていない場合もかなりあります。表現が簡略すぎて、複数の解釈が許される場合もあります。ですから、以下に提示する曼荼羅も、あくまで参考例として、受けとっていただきたいと思います。

なお、『理趣経』の曼荼羅の方位は、向かって上が西、右が北、下が東、左が南になります。現代の地図では、上が北になりますから、九〇度ずれています。その理由は、太陽が昇って沈む東西方向が、南北方向よりも、重視されていたからと指摘されています。

また、『理趣釈経』に説かれる曼荼羅には、『金剛頂経』との関係を重視するゆえに、ひじょうに複雑な教理上の解説が加えられています。しかし、その解説はあくまで専門家向けであって、理解するのは容易ではありません。この点を考慮して、深入りすることは避けました。

序説の曼荼羅

序説にもとづく曼荼羅は「説会《せつえ》曼荼羅」と呼ばれます。「説会」とは、真理の法が説かれる集会という意味です。より具体的には、法を説く教主と、説かれる法を聞く聴法者から、構成されています。なお、聴法者は、真言密教の伝統的な用語では「対告衆《たいごうしゅ》」とよばれます。そして、その集会を図解した絵画が「説会曼荼羅」にほかなりません。

序説では、大毘盧遮那如来《だいびるしゃなにょらい》が他化自在天《たけじざいてん》の王宮で『理趣経』を説いたとき、そこには八〇億もの菩薩《ぼさつ》が同席していたと書かれています。その中から、主だった者として、八人の菩薩の名があげられています。ここでは参考までに、菩薩それぞれに通常の呉音ではなく、漢音でふりがなを付けてみました。金剛手《きんこうしゅ》菩薩、観自在《かんしさい》菩薩、虚空蔵《きょこうそう》菩薩、金剛拳《きんこうけん》菩薩、文殊師利《ぶんじゅしり》菩薩、纔発心《さいはっしん》転法輪菩薩、虚空庫《きょこうこ》菩薩、摧一切《さいいっさい》魔《ま》菩薩です。なお、纔発心転法輪菩薩という見慣れない名を持つ菩薩は、弥勒《みろく》菩薩と同体とみなされています。

これら八人の菩薩は、金剛手菩薩＝第三段、観自在菩薩＝第四段、虚空蔵菩薩＝第五段、金剛拳菩薩＝第六段、文殊師利菩薩＝第七段、纔発心転法輪菩薩＝第八段、虚空庫菩薩＝第九段、摧一切魔菩薩＝第十段に、おのおの対応しています。つまり、『理趣経』の前半部分に説かれるはずの教理が、あらかじめ菩薩という尊格によって、いわば先取りされているのです。

説会曼荼羅は、全体では三重構造になっています。第一重の中心に大毘盧遮那如来が描かれ、その八方をとりかこむように八人の菩薩が描かれます。

注目すべきは、説会曼荼羅の中心に描かれる大毘盧遮那如来が、定印《じょういん》を結んで瞑《めい》想《そう》中であることをあらわす胎蔵《たいぞう》大日如来の姿をしている点です。『理趣経』は、『大日経』の系統ではなく、『金剛頂経』の系統に属していることを考えると、これは異例と言えます。この点については、胎蔵曼荼羅と金剛界曼荼羅を統合しようとしたのではないか、という説もあります。

さらに、『理趣釈経』によれば、中央の大毘盧遮那如来とその周囲を取り囲む八人の菩薩は、以下のはたらきをあらわしています。

大毘盧遮那如来　絶対の真理
金剛手菩薩　菩提心《ぼだい》（悟りを求める心）
観自在菩薩　慈悲
虚空蔵菩薩　布施
金剛拳菩薩　三密（身口意＝身体活動・言語活動・精神活動）
文殊師利菩薩　智恵
纔発心転法輪菩薩　教化
虚空庫菩薩　供養（敬虔《けいけん》の心をいだいて、宝財を捧《ささ》げる行為）
摧一切魔菩薩　降魔《ごうま》

ついで第三重の四周には、金剛鉤《こう》菩薩・金剛索菩薩・金剛鎖《さ》菩薩・金剛鈴《れい》菩薩の四人の菩薩から構成される四摂《ししょう》菩薩が描かれます。四摂菩薩の役割は「門衛」、つまり四方の門を守ることです。

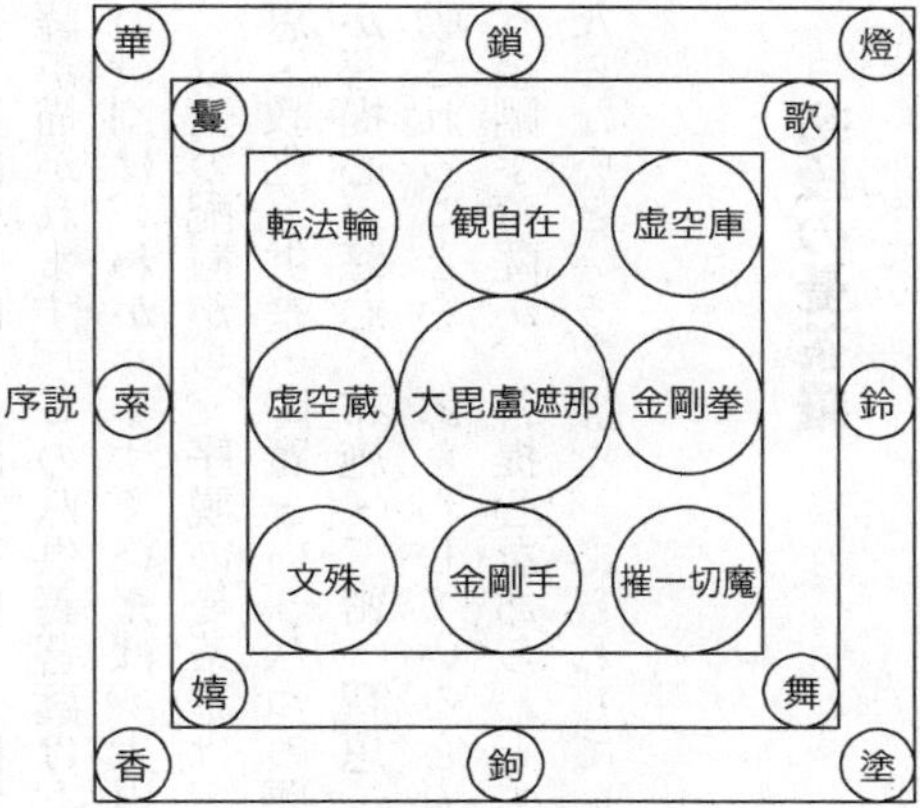

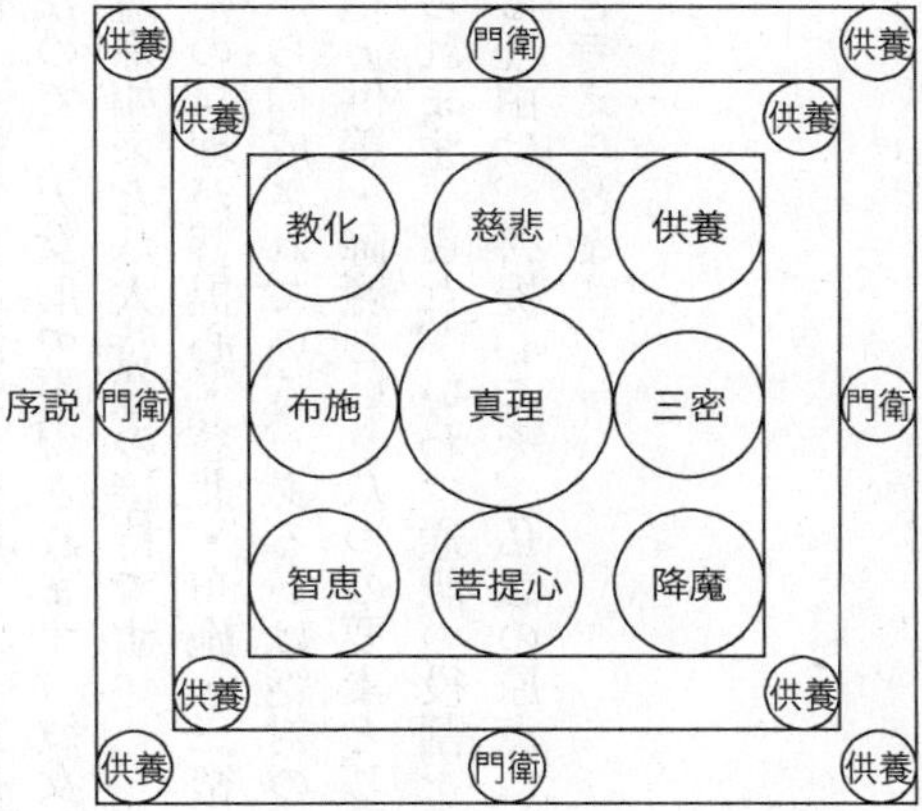

上段：尊格配置、下段：構造図

第二重と第三重の四隅には、金剛嬉戯《きけ》菩薩・金剛鬘《まん》菩薩・金剛歌菩薩・金剛舞菩薩・金剛香菩薩・金剛華《け》菩薩・金剛燈菩薩・金剛塗香《ずこう》菩薩から構成される八供養菩薩が描かれます。この八供養菩薩は女性なので、天女形で表現されます。彼女たちの役割は、わかりやすくいえば、大毘盧遮那如来と八大菩薩の接待です。

以上の配置から、序説の曼荼羅は、絶対の真理が菩提心・慈悲・布施・三密・智恵・教化・供養・降魔という八つの要素から構成されている、あるいは絶対の真理が菩提心・慈悲・布施・三密・智恵・教化・供養・降魔という八つの要素として発動されることを、あらわしていると考えられます。また、いわば通訳の役割をになう金剛手菩薩が、菩提心をあらわしている理由は、菩提心こそ、仏教の原点にほかならないという認識を、あらわしていると考えられます。

初段の曼荼羅

初段にもとづく曼荼羅は、内院（第一重）と外院（第二重）の二重構造です。「十七清浄句」の一つ一つが尊格としてあらわされるので、十七の尊格が描かれます。

そして、「十七清浄句曼荼羅」とも呼ばれます。

尊格の名称と配置については、複数の説がありますが、ここでは『理趣釈経』が説く十七清浄句と対応する十七尊曼荼羅をあげておきます。

尊格と象徴する内容の対応関係は、以下のとおりです。

性愛の快楽（妙適）＝金剛薩埵《さった》

性愛の快楽を得ようとする熾烈《しれつ》な欲望（欲箭《よくせん》）＝欲金剛菩薩

男女が抱き合う行為（触）＝金剛髻離《けいり》吉羅《きら》菩薩

男女の愛欲が生む離れがたいという心（愛縛）＝愛金剛菩薩

思い叶って満足し、自分には何でもできると信じ込む万能感（一切自在主）＝金剛傲《ごう》菩薩

欲心を秘め異性を見て歓《よろこ》びを感じる心（見）＝意生金剛菩薩

男女が性行為をして味わう快感（適悦）＝適悦金剛菩薩

性行為を終えて男女が離れがたく思う愛情（愛）＝貪金剛菩薩

男女が性行為を終えて、世界の主になったような気分にひたる満足感（慢）＝金剛慢菩薩

自分の外観を美しく飾る行為（荘厳）＝春金剛菩薩
性愛がもたらす満ち足りた心（意滋沢）＝雲金剛菩薩
性愛がもたらす光り輝く心身（光明）＝秋金剛菩薩
性愛がもたらす安楽な身体（身楽）＝冬金剛菩薩
清浄な身体（色）＝色金剛菩薩
清浄な音声（声）＝声金剛菩薩
清浄な嗅覚《きゅうかく》（香）＝香金剛菩薩
清浄な味覚（味）＝味金剛菩薩

なお、金剛髻離吉羅菩薩の「髻離吉羅」は、原語のサンスクリットで「戯れ・喜悦」を意味する「ケーリキラ」を漢字で音写したものです。第六段では「髻梨吉羅」とも音写されています。また、金剛髻離吉羅菩薩／金剛髻梨吉羅菩薩は、触《そく》金剛菩薩と意訳される場合もあります。

これらの尊格には、男女の別があります。男尊のうち、色金剛菩薩・声金剛菩薩・香金剛菩薩・味金剛菩薩は、序説の曼荼羅の金剛鉤《こう》菩薩・金剛索菩薩・金剛鎖《さ》菩薩・金剛鈴《れい》菩薩の四人の菩薩と同じように、四摂菩薩として、門衛の役割もにな

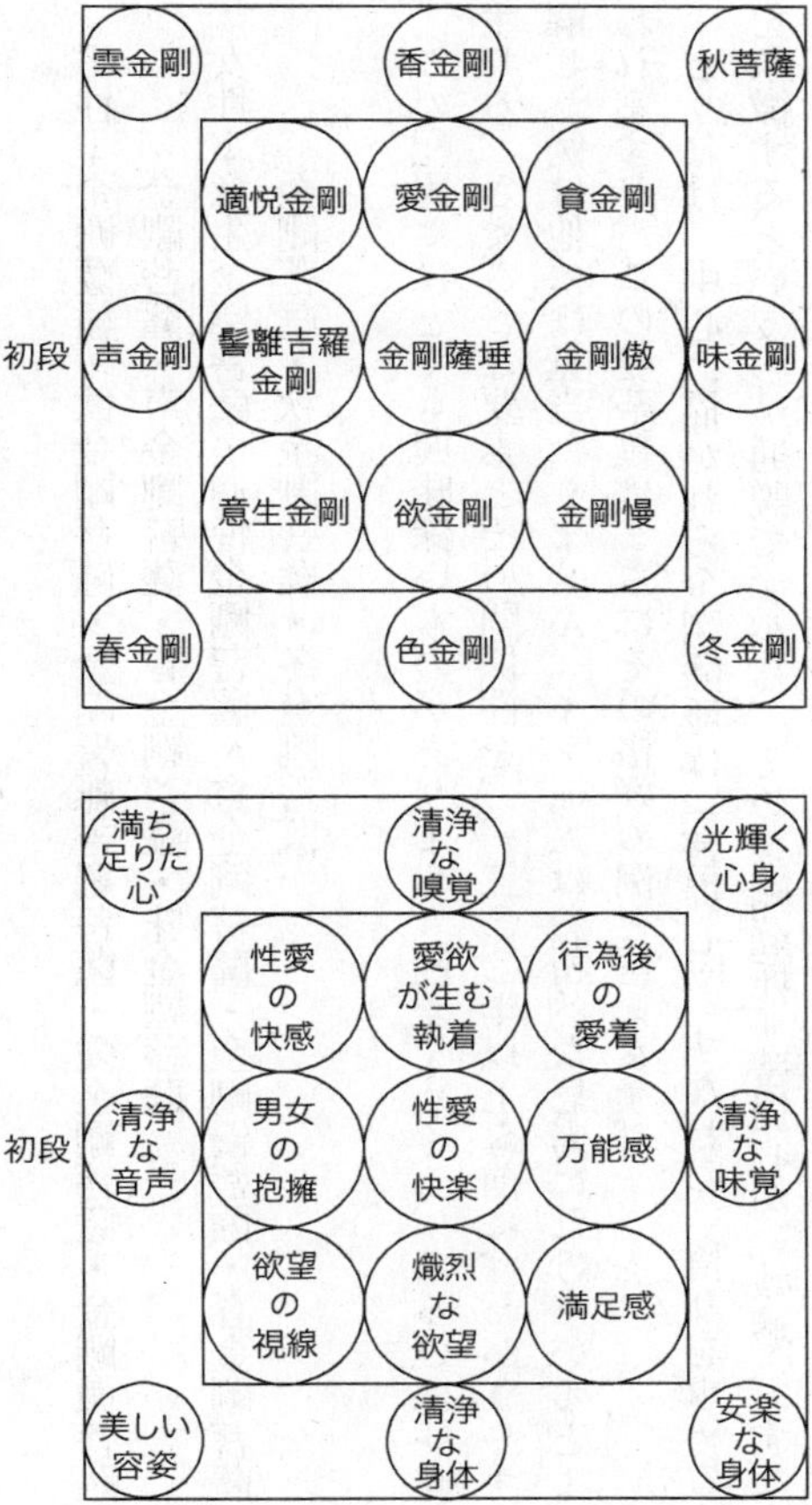

上段:尊格配置、下段:構造図

っています。女尊は、序説の曼荼羅で述べたとおり、接待の役割をになっています。

男性↓金剛薩埵・欲金剛菩薩・金剛髻離吉羅菩薩・愛金剛菩薩・金剛傲菩薩・色金剛菩薩・声金剛菩薩・香金剛菩薩・味金剛菩薩

女性↓意生金剛菩薩・適悦金剛菩薩・貪金剛菩薩・金剛慢菩薩・春金剛菩薩・雲金剛菩薩・秋金剛菩薩・冬金剛菩薩

この配置にはとても興味深いものがあります。性愛をめぐる、あるいは性愛から生じる、さまざまな要素とその関係性を、一三〇〇年以上も前に、わかりやすく図解した例は他には見当たりません。インド人は分析的な思考にたけているとよく言われますが、この曼荼羅はまさにその格好の例と言えます。

とりわけ、中心に描かれる金剛薩埵は「菩提心」、すなわち「悟りを求める心」を象徴するというのが通説ですから、その金剛薩埵＝菩提心が「妙適」、すなわち「性愛の快楽」と同一視されるというのは、驚くべき発想です。この点について、『理趣釈経』はこう解釈しています。

俗世間の人々は性愛の快楽に没入する。それと同じように、金剛薩埵はまったく無条件で、大いなる慈しみの心をもって、生きとし生けるものことごとくが、安楽と利益を享受できるように願っている。そのために、金剛薩埵の心は、いまだかつて一度たりとも休んだことがない。金剛薩埵と生きとし生けるものすべては平等であって、まったくわけへだてがない。そこで、あくまで譬《たと》えとして、性愛の快楽と表現しているのである。

こう解釈しないと、ただ単に性愛を讃美するだけで終わってしまう事態を危惧《きぐ》したのかもしれません。ようするに、金剛薩埵にとっては、生きとし生けるものすべてを救う行為は、わたしたち凡俗が性愛の快楽に没入するのと同じくらい、楽しいということなのでしょう。

悟りを性愛の快楽とむすびつける思想は、「楽空無差別」もしくは「楽空無別」と称して、八世紀以降に成立してくる後期密教の経典に登場してきます。すなわち、密教を含む大乗仏教が、絶対の真理の代名詞である「空」を、性愛の快楽にたとえたのです。

もちろん、この場合、わたしたちが体験できる性愛の快楽が、そのまま「空」の把握につながるわけではありません。これもまた、あくまで譬喩にすぎません。しかし、修行の過程で、性愛の快楽が、譬喩を超えてしまう場面がなかったとは言い切れないようです。

第二段の曼荼羅

第二段の曼荼羅は、内院（第一重）と外院（第二重）の二重構造です。

曼荼羅の中心に、中尊として、密教の本尊である毘盧遮那如来が坐《ざ》し、その四周を金剛薩埵・虚空蔵菩薩・観自在菩薩・金剛羯摩《かつま》菩薩が取り囲んでいます。序説の曼荼羅では中尊を八人の菩薩たちが取り囲んでいましたが、第二段の曼荼羅では菩薩の数が半分になり、そのあとに金剛嬉戯菩薩・金剛鬘《まん》菩薩・金剛歌菩薩・金剛舞菩薩の供養菩薩が描かれています。そして、外院の四隅に、金剛香菩薩・金剛華《け》菩薩・金剛燈菩薩・金剛塗香《ずこう》菩薩の供養菩薩が描かれています。

外院の東西南北に、序説の曼荼羅と同じく、金剛鉤《こう》菩薩・金剛索菩薩・金剛鎖《さ》菩薩・金剛鈴《れい》菩薩の四人の菩薩から構成され、門衛の役割を担う四摂《ししょう》菩薩が描かれています。

『理趣釈経』によれば、中央の毘盧遮那如来を取り囲む四人の菩薩は、以下の智恵をあらわしています。

金剛薩埵　大円鏡智《だいえんきょうち》（対象正しく観察する智恵）

虚空蔵菩薩　平等性智《びょうどうしょうち》（共通性を観察する智恵）

観自在菩薩　妙観察智《みょうかんさつち》（差異を観察する智恵）

金剛羯摩菩薩　成所作智《じょうしょさち》（実践する智恵）

真言密教では、智恵は五つあるので、「五智」と呼ばれ、大日如来《だいにちにょらい》・阿閦《あしゅく》如来・宝生《ほうしょう》如来・阿弥陀《あみだ》如来（無量寿《むりょうじゅ》如来）・不空成就《ふくうじょうじゅ》如来という五人の如来（五智如来）によって象徴されるのが原則です。しかし、第二段の曼荼羅では、五つの智恵のうち、四つの智恵が、四人の菩薩によって象徴されています。つまり、阿閦如来↓金剛薩埵・宝生如来↓虚空蔵菩薩・阿弥陀如来↓観自在菩薩・不空成就如来↓金剛羯摩菩薩という配当です。

なぜ、こういうことが可能なのか。その理由は、真言密教の理論では、金剛薩埵は阿閦如来と、虚空蔵菩薩は宝生如来と、観自在菩薩は阿弥陀如来と、金剛羯摩菩薩は不空成就如来と、それぞれ同じ「部」に属しているとみなされるからです。

第二段

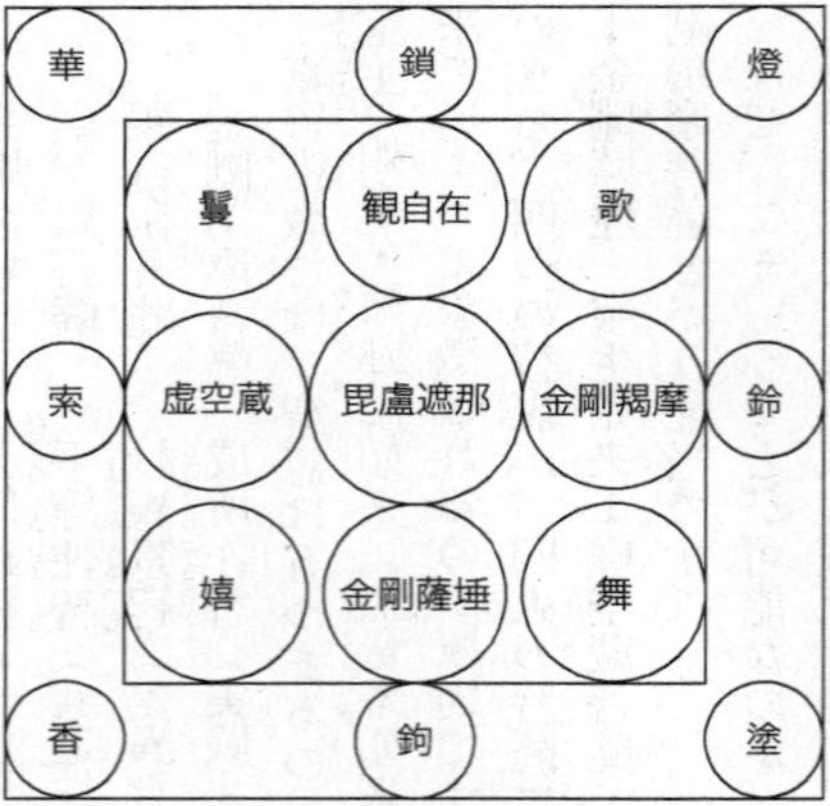

①法界体性智
（一切智智）
②大円鏡智
③平等性智
④妙観察智
⑤成所作智

第二段

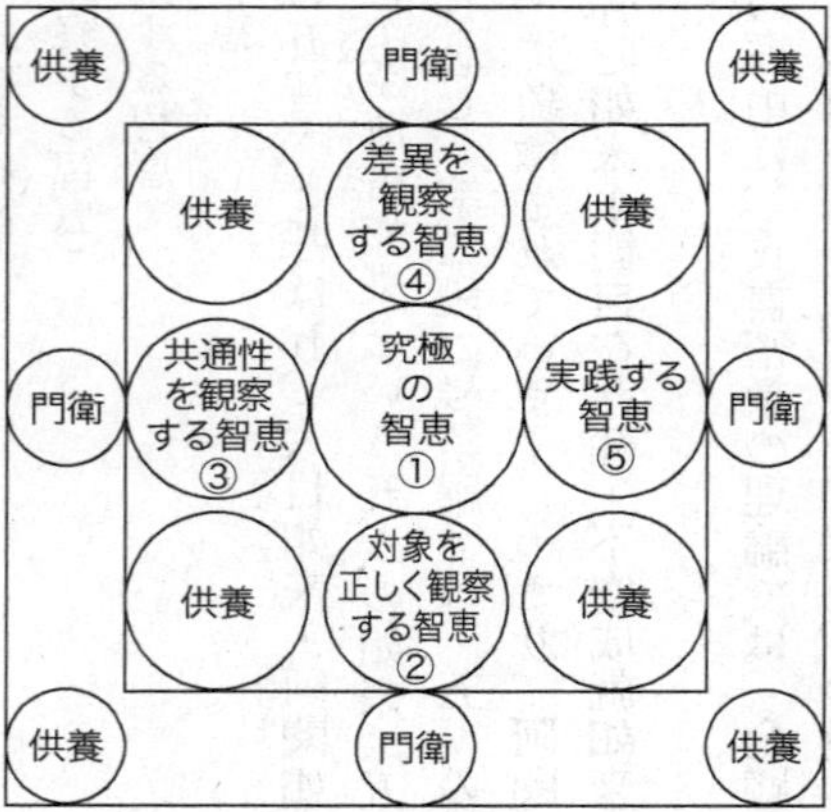

上段：尊格配置、下段：構造図

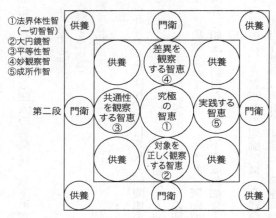

この場合、「部」はサンスクリットの「クラ」という言葉の訳語で、「血縁関係のある一族」すなわち「部族」を意味します。密教は、密教以前の仏教とは比較ならないほど、あまたの仏菩薩や明王を登場させました。そのままでは混乱をきたすので、いくつかの「部」に整理したのです。部の数は、最初は三部（仏部・蓮華部・金剛部）でしたが、最終的には五部（仏部・金剛部・蓮華《れんげ》部・宝部・羯摩部）にまで拡大しています。

上記の四人の菩薩たちは、金剛薩埵は金剛部、虚空蔵菩薩は宝部、観自在菩薩は蓮華部、金剛羯摩菩薩は羯摩部に、おのおの属しています。

ちなみに、この四人の菩薩たちが象徴する四つの智恵をすべて統合する究極の智恵こそ、毘盧遮那如来の智恵、すなわち法界体性智《ほっかいたいしょうち》にほかなりません。

第三段の曼荼羅

第三段の曼荼羅も、内院と外院の二重構造です。

内院は、中尊と四周の菩薩、そして四隅の供養菩薩が描かれます。

外院は、東西南北の四摂菩薩、そして四隅の供養菩薩が描かれます。

中尊は、降三世明王《ごうざんぜみようおう》です。そして、その四周を、忿怒薩埵・忿怒《ふんぬ》王菩薩・忿怒善《ぜん》哉《ざい》菩薩・忿怒愛菩薩というように、いずれも「忿怒」という言葉を冠した菩薩が取り囲んでいます。

外院の東西南北の四つの門では、古代インドの武器だった弓箭《きゆうせん》・剣・輪・三股《さんこ》叉《さ》が描かれています。

明王は、真言密教の理論では「教令輪身」と呼ばれ、慈悲では救いがたい人々を、慈悲にもとづく暴力をもって救う役割をになう尊格です。その明王の四周を「忿怒」の名をもつ尊格が取り囲み、四つの門には武器まで描かれているのですから、この曼荼羅の性格が恐ろしいものであることは、一目瞭然《りようぜん》です。

降三世明王は、くわしくは「三界の創造者の別名をもつシヴァ神を征服する者」という名をもちます。その容姿は四面八臂《はつぴ》。尋常ならざる不気味なすがたで、足下にシヴァ神とその妻のウマーを踏みつけています。

降三世明王は、真言密教の理論では、阿閦如来の教令輪身とされるのがふつうですが、この曼荼羅に限っては、釈迦《しやか》如来の化身とされています。降三世明王が釈迦如来と結びつけられる理由は、こうです。

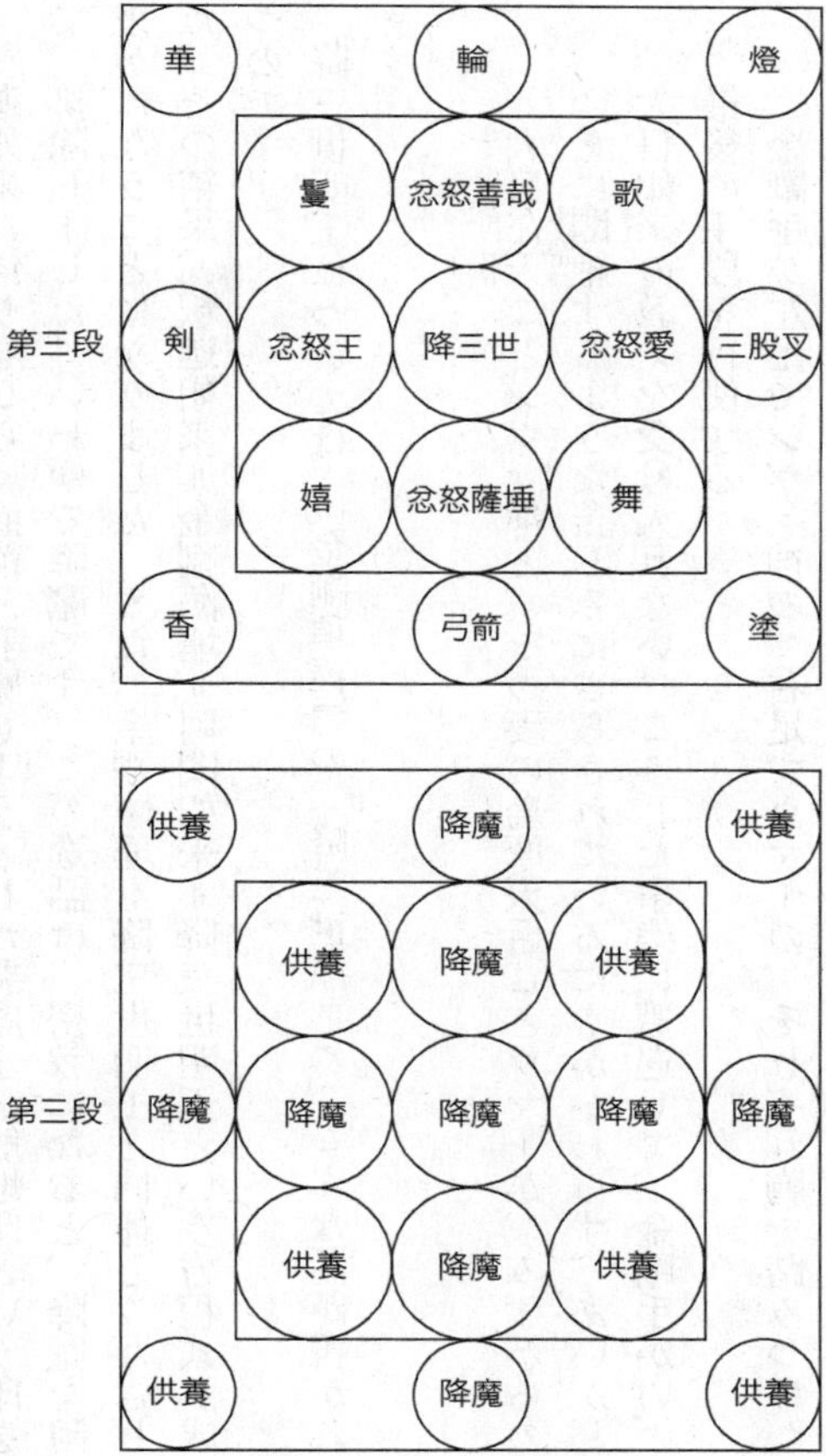

上段：尊格配置、下段：構造図

釈迦如来は悟りをひらく直前、邪魔しようとした悪魔を、触地印という印を結んで、排除しました。いわゆる降魔です。この逸話は、密教になると、降魔を阿閦如来がになうことになりました。また、金剛薩埵も降三世明王と同体とみなされました。その結果、釈迦如来＝金剛薩埵＝阿閦如来＝降三世明王という方程式が成り立つのです。

降三世明王については、『金剛頂経』の「降三世品」に、こんな話が書かれています。

大自在天《だいじざいてん》ことシヴァ神と、その妻の烏摩天后《うまてんごう》ことウマーが、みずからの悪業ゆえに悶絶《もんぜつ》するような苦しみにさらされているにもかかわらず、あいかわらず大日如来の教えを受け入れない。こうした事態に遭遇して、金剛手がいよいよ最後の手段を行使する。

金剛手が左足でシヴァ神の、右足でウマーの、それぞれ胸を踏みつけたまま、如来から教えていただいた真言を唱えると、シヴァ神はついに死んでしまう。そのとき、大日如来はシヴァ神を憐《あわ》れんで、慈悲の真言をお唱えになった。すると、シヴァ神は深い瞑想に入った。瞑想に入ると、あらゆる苦しみが消失し、最後には解脱の境地に到達した。そして、怖畏自在王如来応供正等正覚《ふいじざいおうにょらいおうぐしょうとうしょうがく》と称する如来となった……。

早い話が、シヴァ神は金剛手によって殺され、新たに怖畏自在王如来として生まれ変わらされたのです。金剛手は金剛薩埵のことですから、ここでも金剛薩埵＝降三世明王という方程式が成り立っています。

このように、敵対する者を呪い殺す修法は「降伏法《ごうぶくほう》」もしくは「調伏法《ちょうぶくほう》」と呼ばれ、かつてはかなりよく実践されました。降三世明王は、その際に本尊として祀《まつ》られる代表格でした。そのほか、平安《へいあん》時代の平将門《たいらのまさかど》の乱や鎌倉《かまくら》時代の文永《ぶんえい》・弘安《こうあん》の役のときには、太元帥《たいげんすい》明王などが「降伏法／調伏法」の本尊として祀られています。

こんな修法は荒唐無稽《むけい》と一笑に付されそうですが、じつは第二次世界大戦の末期、敗色が濃厚な状況下、当局の命令により、いくつかの寺院で、アメリカのルーズベルト大統領を対象に、この修法が実践されました。たしかに戦勝を目前にして、ルーズベルトは急死し、そして俗に「人を呪わば、穴二つ」というとおり、この修法を実践した僧侶も、そのあとを追うように亡くなったと伝えられます（田中公明『曼荼羅イコノロジー』一六八頁）。

第四段の曼荼羅

第四段の曼荼羅も、内院と外院の二重構造で、基本的な構造はこれまでと同じです。

ただし、内院の九尊がすべて尊形（具体的な姿）で描かれるのに対し、外院は尊形と三昧耶形《さんまやぎょう》（シンボル）で描かれています。

中尊は観自在菩薩です。その四周には金剛法菩薩・金剛利菩薩・金剛因菩薩・金剛語菩薩が、四隅には金剛嬉戯菩薩・金剛鬘菩薩・金剛歌菩薩・金剛舞菩薩の供養菩薩が、描かれます。外院の四門には天女・蛇・猪・蓮華が描かれ、四隅には金剛香菩薩・金剛華菩薩・金剛燈菩薩・金剛塗香菩薩が三昧耶形で描かれます。

経典の表現によれば、第四段の教主は「得自性清浄法性如来《とくじしょうしょうじょうほうしょうにょらい》」とされています。『理趣釈経』によれば、この如来の名は、観自在王如来という如来の別名です。そして、観自在王如来とは無量寿如来（阿弥陀如来）の別名でもあるのです。

この如来がつかさどる「すべての存在や行為は、どのような意味においても両極端を離れ、絶対的に平等であるという真理を、自在に見抜く智恵」とは、妙観察智と呼ばれる智恵にほかなりません。妙観察智は、無量寿如来がつかさどる智恵です。したがって、第四段の教主は、無量寿如来ということになります。

ところが、曼荼羅の中尊は観自在菩薩です。その理由は、『理趣釈経』によれば、まだ悟りの世界に入らず、濁世で修行を積んでいる段階では、無量寿如来は観自在菩薩と呼ばれるからだそうです。なにやら、もってまわったような理屈ですが、無量寿如来も観自在菩薩もともに蓮華部に属していて、ご存じのとおり三尊形式の仏像では観自在菩薩は無量寿如来の脇侍《きょうじ》をつとめるのが通例ですから、整合性はあります。

さらに、観自在菩薩は、その名がしめすように、もともとは「自在に観察する者」です。したがって、無量寿如来がつかさどる妙観察智の体現者でもあるのです。『理趣釈経』によれば、内院に描かれる金剛法菩薩・金剛利菩薩・金剛因菩薩・金剛語菩薩は、おのおの瞑想において、以下の境地に到達しています。

金剛法菩薩　あらゆる貪欲《どんよく》はその本質は清浄なので、あらゆる瞋《いか》りは清浄である。

金剛利菩薩　あらゆる汚れはその本質は清浄なので、あらゆる罪は清浄である。

金剛因菩薩　あらゆる世間の存在はその本質は清浄なので、あらゆる生きとし生けるものは清浄である。

金剛語菩薩　あらゆる世間の智恵はその本質は清浄なので、世間を超える究極の智恵は清浄である。

これら四つの境地は、外院の四門に描かれる天女・蛇・猪・蓮華が象徴する貪欲・瞋り（怒り）・痴愚（愚かさ）・涅槃《ねはん》（悟りの境地）に、対応しています。貪欲・瞋り・痴愚は、仏教では「三毒」と呼ばれ、人を迷わせる根源的な要素とみなされてきました。しかし、『理趣経』では、これら「三毒」ですら、その本質は清浄だと主張されます。

一方、「究極の智恵」が蓮華によって象徴される理由は、仏教には蓮華＝悟りという伝統があるので、理解できます。しかし、「究極の智恵」が、なぜ、「三毒」と同列なのか。理解に苦しみます。

この点については、古来、いろいろな解釈がありますが、どれも一長一短があって、説得力に欠けます。ようするに、「三毒」もその本質は清浄なので、清浄そのものである「究極の智恵」と同列という理屈のようです。

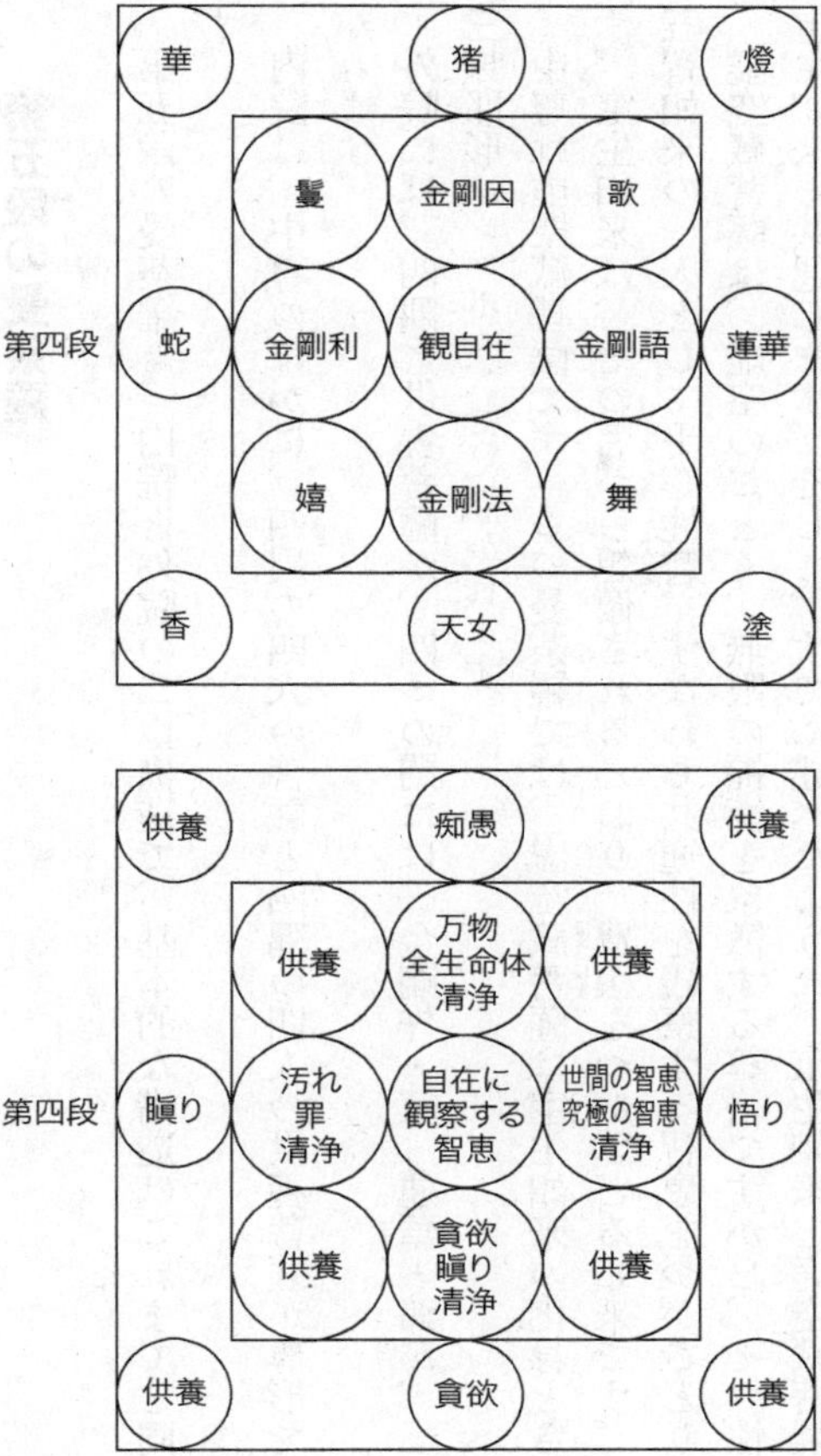

上段:尊格配置、下段:構造図

第五段の曼荼羅

第五段の曼荼羅も、内院と外院の二重構造で、基本的な構造はこれまでと同じです。

内院は、中尊のほかに、四周の四人の菩薩と四隅の四人の供養菩薩が尊形で、描かれます。

外院には、四隅に供養菩薩が、四つの門には、金剛杵・宝・蓮華・鈴が、ともに三昧耶形（シンボル）で、描かれます。

中尊は虚空蔵菩薩です。この曼荼羅では、虚空蔵菩薩は宝生如来の化身とされます。宝生如来は、その名から想像されるとおり、豊穣《ほうじょう》をつかさどる如来です。また、五智如来の一人として平等性智《びょうどうしょうち》、すなわち共通性を観察する智恵をつかさどります。

虚空蔵菩薩は、虚空のごとく、無限の福徳を象徴する尊格ですから、その性格は宝生如来と共通します。そして、すでに述べたように、宝生如来と虚空蔵菩薩は、ともに宝部に属しています。

中尊の四周には、金剛宝菩薩・金剛光菩薩・金剛笑菩薩・金剛幢《どう》菩薩が描かれま

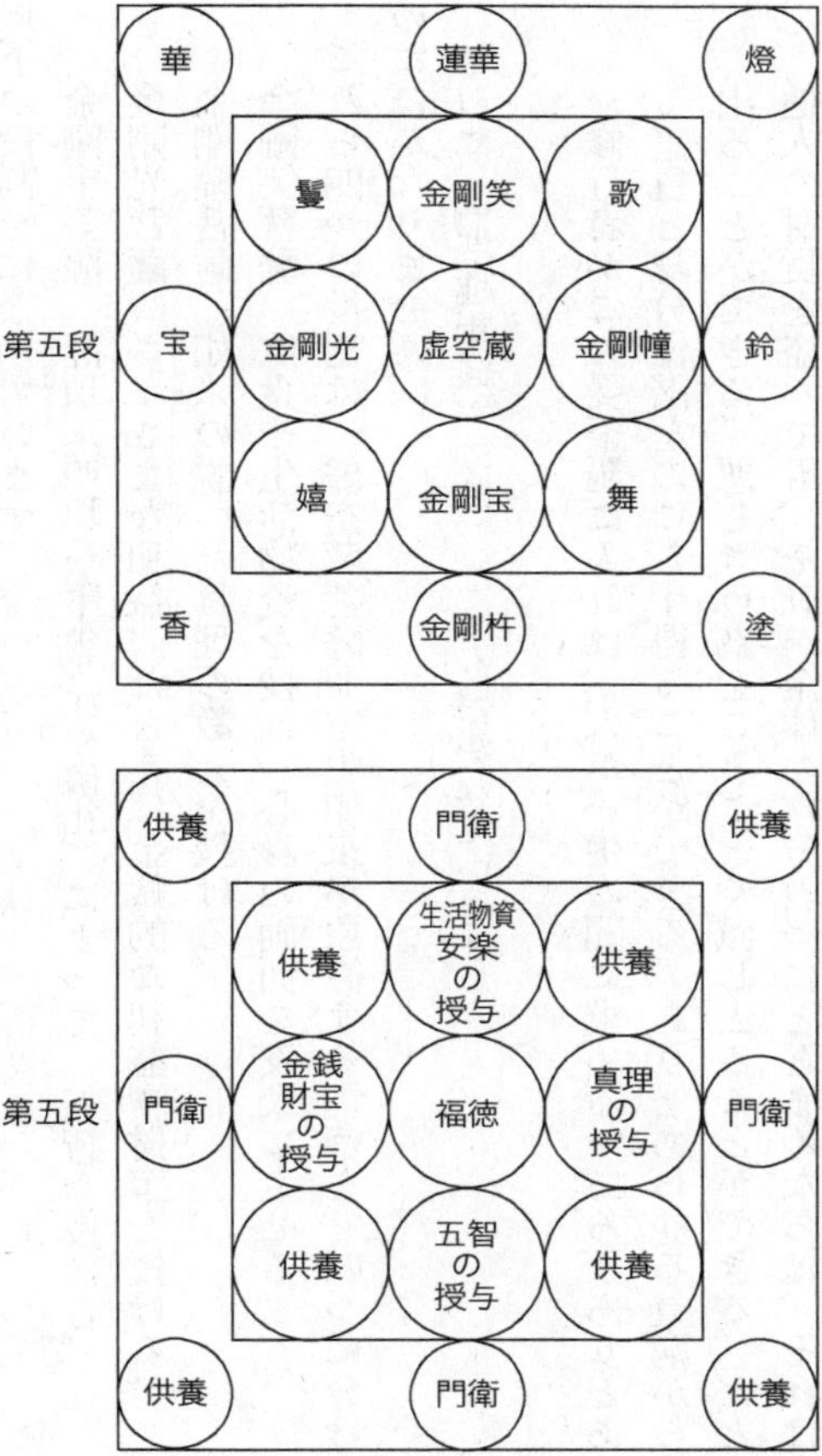

上段：尊格配置、下段：構造図

す。『理趣釈経』によれば、金剛宝菩薩・金剛光菩薩・金剛笑菩薩・金剛幢菩薩は、以下の役割をになっています。

金剛宝菩薩　灌頂《かんじょう》（頭頂に聖水を注ぐ儀礼）によって、五智を授ける。

金剛光菩薩　さまざまな利益、たとえば金銭的な利益や財宝を授ける。

金剛幢菩薩　如来の説いた真理の教えを授ける。

金剛笑菩薩　飲食や生活物資を授け、心身の両面を安楽にさせる。

これら四つの役割は、虚空蔵菩薩＝宝生如来が象徴する福徳を、四つに分けたものにほかなりません。

さらに、『理趣釈経』には、こうも書かれています。

修行者がこの曼荼羅に入れば、人が一生の間に求めるであろうありとあらゆる富貴と身分位階をのこらず得ることができる。ありとあらゆる貧窮から抜け出ることができる。悪しき行為をことごとく滅し去ることができる。たとえ、他人の財貨を盗んでも、それが全体の六分の一にとどまるならば、それは窃盗罪にあたらない。

まさに徹底的な現世利益です。わけても、「たとえ、他人の財貨を盗んでも、それが全体の六分の一にとどまるならば、それは窃盗罪にあたらない」という文言には、驚かされます。古代インドでは、『マヌの法典』などに、財産や生産物の六分の一は、どのようなかたちで使われても、使った者は罪を問われないという規定があるので、こういう文言が書かれたようです。

第六段の曼荼羅

序説の曼荼羅を除けば、すべて内院と外院の二重だったように、第六段の曼荼羅も内院と外院の二重構造です。

内院には、中尊のほか、四周に金剛業菩薩・金剛護菩薩・金剛拳《けん》菩薩・金剛薬叉《やくしや》菩薩の四人の菩薩と四隅の四人の供養菩薩が、尊形で描かれます。

外院には、四つの門に染《ぜん》金剛菩薩・金剛髻《けい》梨《り》吉《き》羅《ら》菩薩・愛金剛菩薩・金剛慢菩薩の四人の菩薩が、四隅に供養菩薩が、尊形で描かれます。

中尊は、一切如来拳菩薩《いっさいにょらいけん》です。しかし、この段の教主は、『理趣経』に、得一切《とくいっさい》如来智印如来《にょらいちいんにょらい》と書かれています。

この得一切如来智印如来とは、『理趣釈経』によれば、不空成就如来の異名です。そして、不空成就如来の果位、つまり不空成就如来が悟りの境地に入って、その結果としてあらわれた菩薩こそ、金剛拳菩薩にほかならないと述べられています。例によって、密教に特有の、すこぶる煩瑣《はんさ》な論理展開ですが、曼荼羅の中尊は、見掛けは金剛拳菩薩でも、その本体は不空成就如来だということになります。

これで、第三段の阿閦如来、第四段の無量寿如来（阿弥陀如来）、第五段の宝生如来に、第六段の不空成就如来が加わり、大日如来（毘盧遮那如来）を筆頭とする五智如来がそろったことになります。

内院の四周に描かれる金剛業菩薩・金剛護菩薩・金剛拳菩薩・金剛薬叉菩薩は、『理趣釈経』によれば、それぞれ以下の役割をになっています。

金剛業菩薩　無敵の身体を獲得し、広大な救済を成就する。

金剛護菩薩　不壊《ふえ》の身体を獲得し、衆生（全生命体）を守護し、慈悲を実践する。

金剛拳菩薩　三密（身体・言語・精神）の修行を、堅い拳のごとく完璧に成就する。

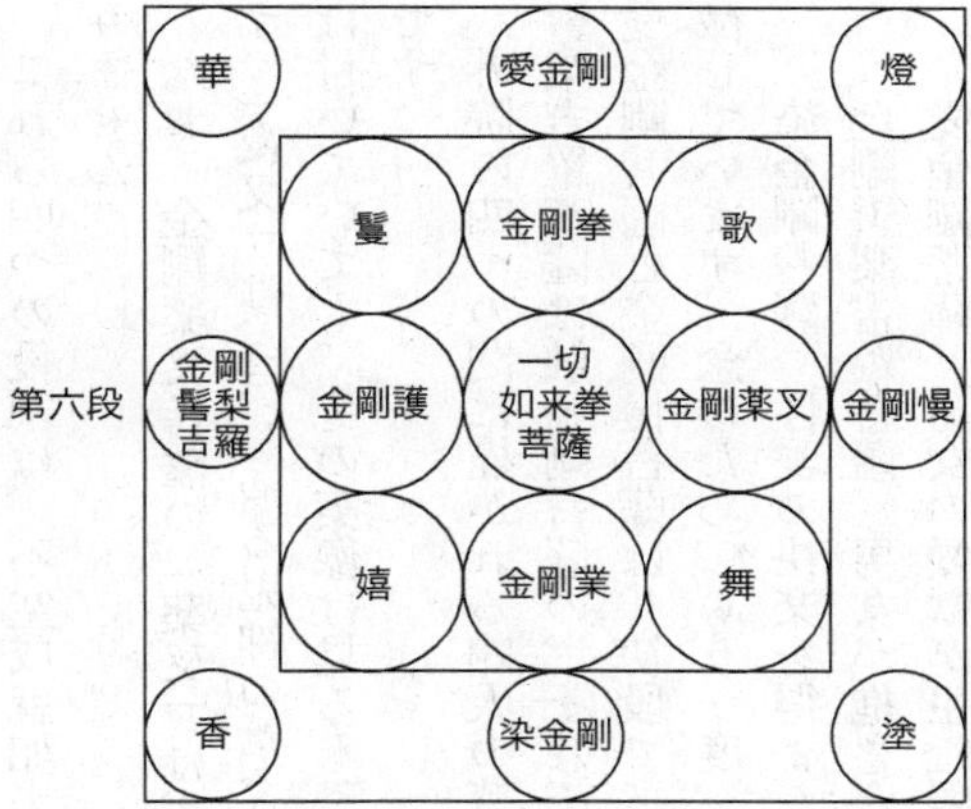

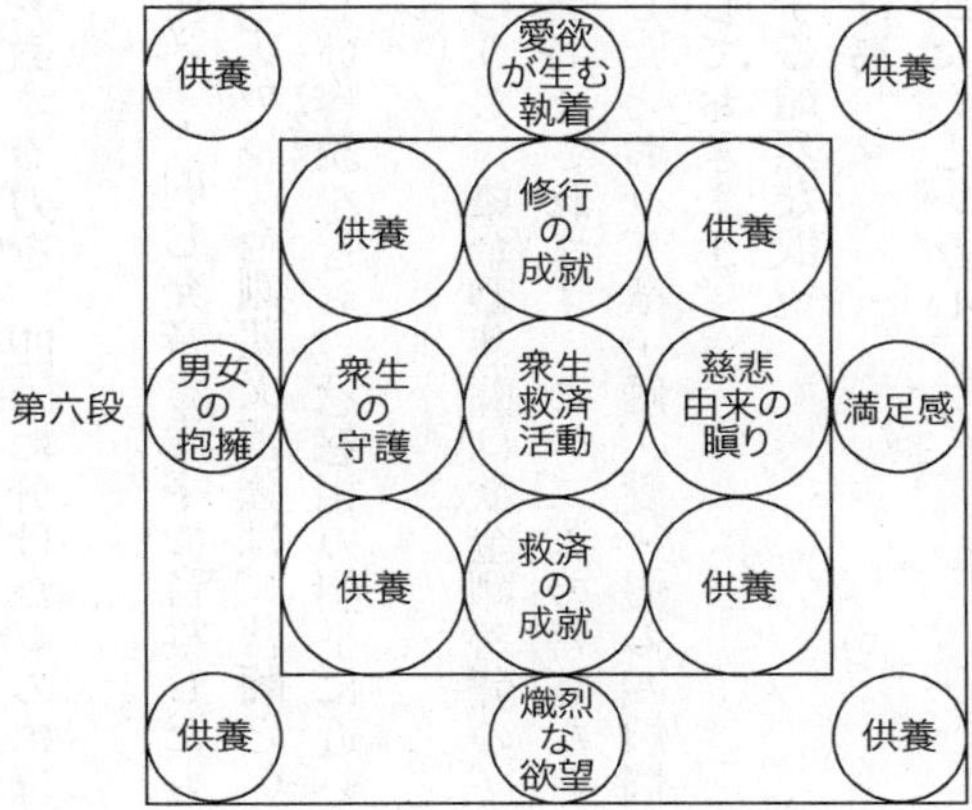

上段：尊格配置、下段：構造図

りません。

金剛薬叉菩薩　心を浄化し、慈悲に由来する瞋りにより、衆生を救済する。

これら四つの役割は、不空成就如来が象徴する力を、四つに分けたものにほかなりません。

なお、金剛薬叉菩薩の「薬叉」は、「夜叉」と同じ発音を漢字で音写したものです。「夜叉」は、いわゆる鬼神のたぐいですから、金剛薬叉菩薩は、菩薩という名は付いていても、その実像は見るも恐ろしい容貌《ようぼう》をもち、忿怒相の明王に近い存在です。

外院の四つの門に描かれる四人の菩薩のうち、染金剛菩薩は欲金剛菩薩の、金剛髻梨吉羅菩薩は触金剛菩薩の、それぞれ異名とされます。この二人の菩薩ならびに愛金剛菩薩と金剛慢菩薩は、初段で指摘したとおり、欲・触・愛・慢の四煩悩を象徴しています。念のため、もう一度、記しておきます。

染金剛菩薩　性愛の快楽を得ようとする熾烈な欲望

金剛髻梨吉羅菩薩　男女が抱き合う行為

愛金剛菩薩　男女の愛欲が生む離れがたいという心

金剛慢菩薩　男女が性行為を終え、世界の主のような気分にひたる満足感

また、これら四人の菩薩は、それぞれが金剛部・宝部・蓮華部・羯摩部に属して

いるので、この四部を象徴するとみなされています。そして、さきほど述べた阿閦如来＝金剛部・宝生如来＝宝部・無量寿如来＝蓮華部・不空成就如来＝羯摩部という配当にも、対応しています。

第七段の曼荼羅

この曼荼羅も、内院と外院の二重構造です。基本的な構造も同じです。内院には、中尊のほか、四人の如来が描かれ、さらに四隅には、供養菩薩ではなく、四種波羅蜜甲と呼ばれる特異な形象が描かれます。これは、『理趣釈経』の言葉をそのまま引用すれば、「四種類の悟りの智恵の完成をあらわす印《しるし》（シンボル）」です。「四種類の智恵」とは、大円鏡智・平等性智・妙観察智・成所作智を指していて、曼荼羅では梵筺《ぼんきょう》（梵文＝サンスクリット経典）の形で表現されています。

外院には、東西南北の四つの門に剣・三股《さんこ》戟《げき》・鉢・梵筺が、四隅に供養菩薩が三昧耶形（シンボル）で描かれます。

中尊は、文殊師利菩薩です。『理趣釈経』によれば、「文殊師利童子形」、つまり少年の姿をした文殊師利菩薩です。智恵をつかさどる文殊師利菩薩は、少年が遊びに無我夢中になるように、智恵の獲得に無我夢中なゆえに、また少年がいつか成人して王位を継承するように、仏法を継承するとみなされるゆえに、少年の姿でよく表現されます。

中尊の四周を取り囲むのは、阿閦如来・宝生如来・無量寿如来（阿弥陀如来）・不空成就如来です。『理趣経』を読むと、四人の如来が、空・無相・無願・光明を象徴していることがわかります。

興味深いのは、『理趣釈経』に、これら四人の如来がみな臂《ひじ》の上に剣を置いていると書かれている点です。文殊師利菩薩が剣を手にするのは通例ですが、如来が臂の上に剣を置いているという記述は、他に例がありません。

さらに、文殊師利菩薩が、「虚空智剣（虚空のように広大無辺の智恵の剣）」と呼ばれる鋭い剣で、四人の如来の臂を断ち切るとも説かれています。つまり、如来が臂の上に剣を置いているという記述は、如来たちの臂が断ち切られることを意味しているのです。

では、なぜ、如来たちの臂が断ち切られなければならないのか。その理由を、

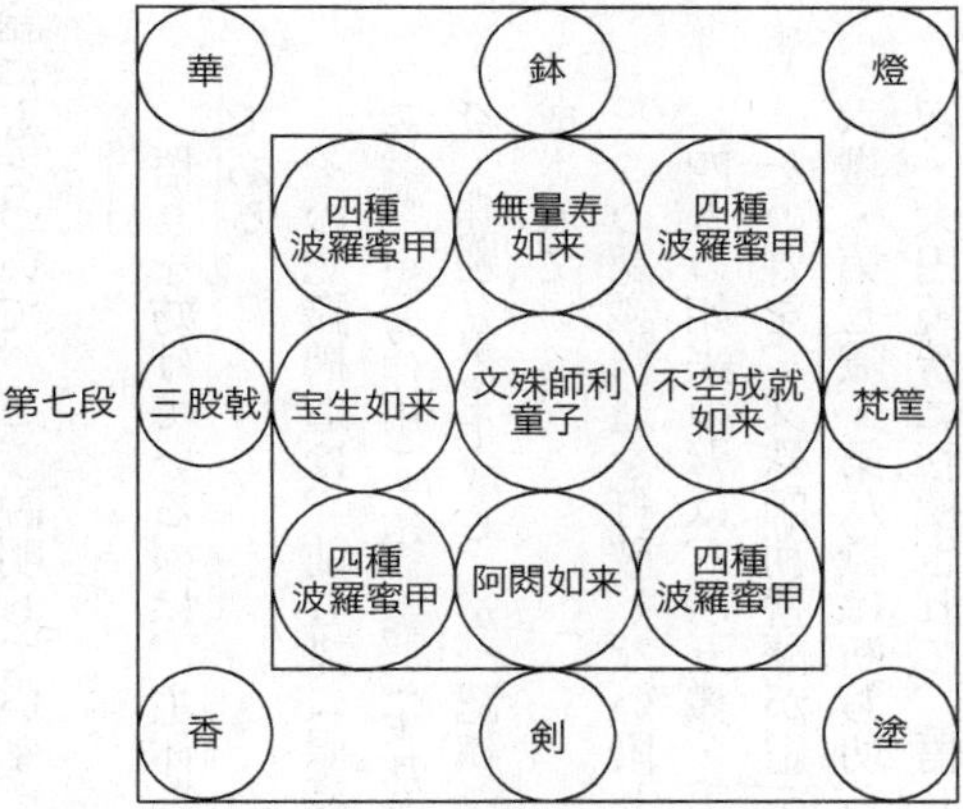

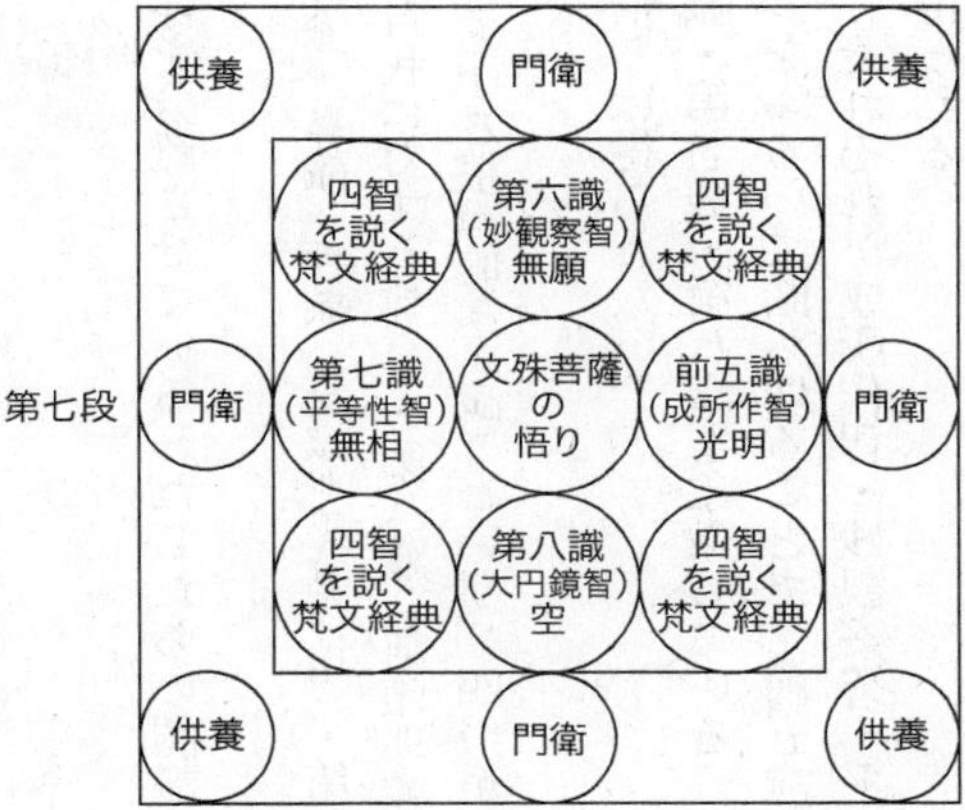

上段:尊格配置、下段:構造図

『理趣釈経』は、インドの仏教界で意識作用の構造を分析的に研究した唯識派の理論にもとづいて、こう説明しています。

悟りを妨げているのは、主体と客体を分離させているわたしたちの認識構造である。

その認識構造は、前五識（眼識／耳識／鼻識／舌識／身識＝感覚作用）・第六識（意識＝思考作用）・第七識（末那識《まなしき》＝自我に対する執着）・第八識（阿頼耶識《あらやしき》＝心身・森羅万象を生成し、かつ認識の対象とする根源的な意識）という、四つから構成されている。

この認識構造を打破しない限り、悟りは得られない。

四人の如来の臂は、前五識・第六識・第七識・第八識を象徴している。

その臂を、文殊師利菩薩が虚空智剣をふるって断ち切ることで、前五識・第六識・第七識・第八識は断ち切られ、それぞれが成所作智・妙観察智・平等性智・大円鏡智に転換されて、悟りを得られる。

このような激烈というしかない論理の展開は、まさに密教の独擅《どくせん》場です。

第八段の曼荼羅

第八段の曼荼羅は、これまでの曼荼羅とはまったく異なります。全体は三重構造で、中央に八輻輪《はっぷくりん》、つまり八本のスポークを持つ車輪が、描かれます。八輻輪は、古代インドで使われた投擲《とうてき》用の武器を原形とする法具で、煩悩を断絶し、生きとし生けるものがかかえる迷妄を打ち砕き、悟りに導く徳を象徴します。

この八輻輪を取り囲むかたちで、二重目と三重目に、内院と外院が、描かれます。八輻輪は、金剛輪菩薩（纔発心《さいはっしん》転法輪菩薩）を中心に、その周囲を八大菩薩（金剛手菩薩・文殊師利菩薩・虚空蔵菩薩・転法輪菩薩・観自在菩薩・虚空庫菩薩・金剛拳菩薩・摧魔菩薩）が取り囲んでいます。さらに、第一重の四隅には、金波羅蜜菩薩・宝波羅蜜菩薩・法波羅蜜菩薩・羯摩波羅蜜菩薩の、供養菩薩が描かれます。

内院（第二重）は、東西南北の四つの門に、金剛薩埵・降三世金剛《まん》（降三世明王）・観自在菩薩・虚空蔵菩薩が、四隅に金剛嬉戯菩薩・金剛鬘菩薩・金剛歌菩薩・金剛舞菩薩が、描かれます。

外院（第三重）の四隅には、金剛香菩薩・金剛華《け》菩薩・金剛燈菩薩・金剛塗香《ずこう》菩薩が、描かれます。

曼荼羅の中心に描かれる金剛輪菩薩は、纔発心転法輪菩薩ともいい、密教の智恵を駆使して、ありとあらゆる罪障を除去する力を持つとされます。八輻輪にも同様の力があるとされますから、この菩薩がその中心軸に坐すのは、理にかなっています。

内院の東西南北の四つの門に、金剛薩埵・降三世金剛・観自在菩薩・虚空蔵菩薩が描かれる理由は、経典にあるとおり、金剛薩埵の悟りの境地・降三世金剛の悟りの境地・観自在菩薩の悟りの境地・虚空蔵菩薩の悟りの境地を象徴するためです。そして、これら四つの悟りの境地をすべて統合すると、中心の金剛輪菩薩の悟りの境地になるという構造です。いいかえれば、中心の金剛輪菩薩の悟りの境地は、金剛薩埵・降三世金剛・観自在菩薩・虚空蔵菩薩の悟りの境地に分担されるという構造になっています。

『理趣釈経』によれば、第八段の曼荼羅は、数ある『理趣経』系の曼荼羅の中でも特別な功徳があると書かれています。たとえば、瞑想修行を実践する者が誓約を破った場合、ふつうなら取り返しが付きませんが、この曼荼羅を制作して、その中に

第八段

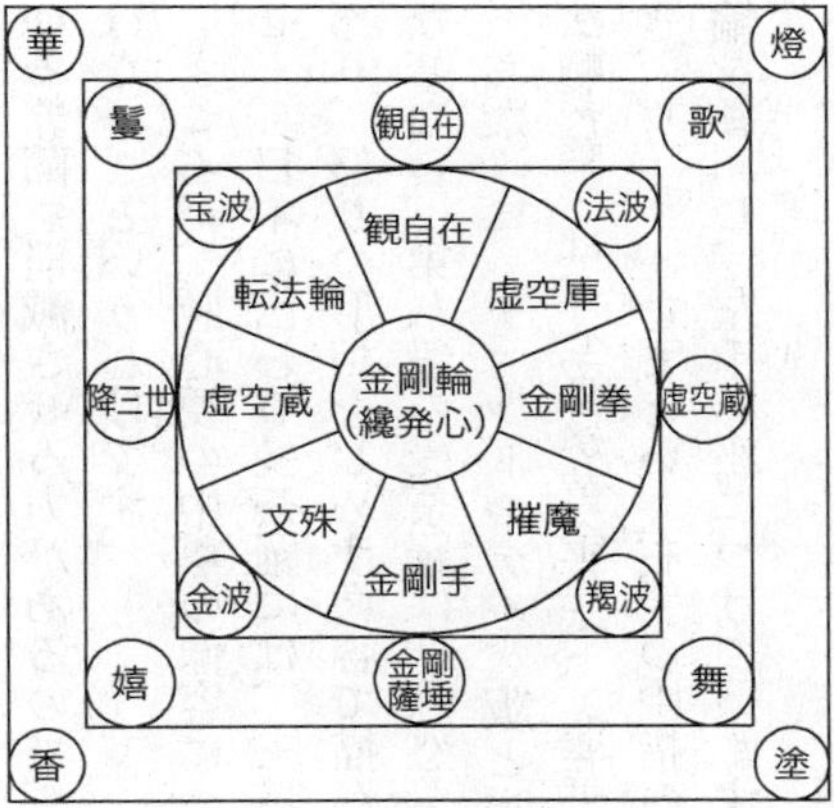

第八段

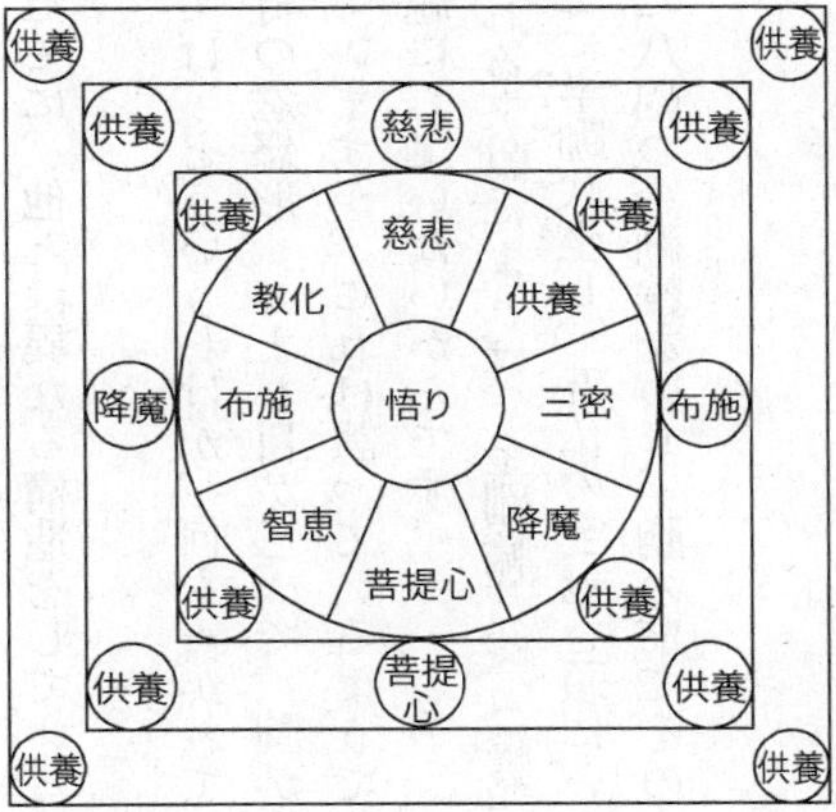

上段:尊格配置、下段:構造図

入れば、瞑想修行を成就できます。また、指導的な立場にある僧侶が不正行為によってその資格を失った場合も、この曼荼羅を制作して、その中に入れば、元の資格を取りもどすことができるというのです。ようするに、この曼荼羅は、ありとあらゆる罪障を消滅させる力があるのです。だてに、他とは異なる構造をしているのではない、というわけです。

ところが、肝心要《かなめ》の中尊の像容については、どういうわけか、何も書かれていません。日本に伝わる曼荼羅には、三目六臂の忿怒形、つまり目が三つで、腕が六本あり、怒りの形相をしめす像容で描かれていますが、これは誤っているようです。なぜなら、第八段の曼荼羅は、忿怒を主題にしていないからです。

ちなみに、チベットのデルゲ版と呼ばれる文献によれば、金剛輪菩薩（纔発心転法輪菩薩）は、全身が黄金色で、蓮華の上に半跏趺坐《はんかふざ》し、五仏の宝冠を頭にいただき、ヴェールをまとい、右手の中指の上に八輻の金剛輪をのせ、胸の前でその金剛輪をまわし、左手を座につけています。

第九段の曼荼羅

第九段の曼荼羅は、三重構造で、説会曼荼羅と似ています。中央に描かれる中尊と八大菩薩が、方形の中なのか、それとも輪の中なのか、は見解が分かれるようです。第二重と第三重の四隅に、供養菩薩が描かれるのは、通例です。

中尊は虚空庫菩薩です。ひじょうに珍しい尊格で、『理趣経』にしか登場しません。虚空のごとき無限の庫にたくわえられている功徳の財宝を、自在に出して、生きとし生けるものに施すので、虚空庫菩薩と呼ばれるそうです。その像容は、『理趣釈経』に、右手に羯磨杵を持ち、左拳を左の胯《また》のところに置き、月輪の中に半跏趺坐していると書かれています。

この菩薩は、ありとあらゆる供養をつかさどります。供養とは、序説の説会曼荼羅のところで述べたとおり、敬虔の心をいだいて、宝財を捧げる行為を指します。その範囲はとても広く、接待という意味で使われることもあれば、さらに精神性を重視して、生きとし生けるものを悟りへと導く行為を意味する場合もあります。『理趣経』には、四種類の供養が説かれています。『理趣釈経』によれば、それら

第九段

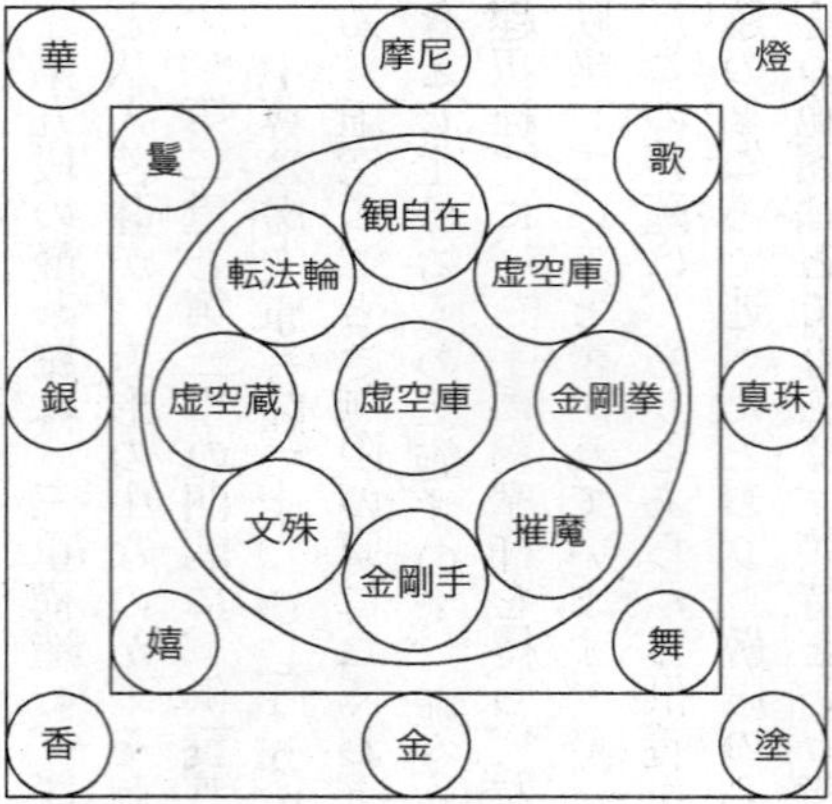

第九段

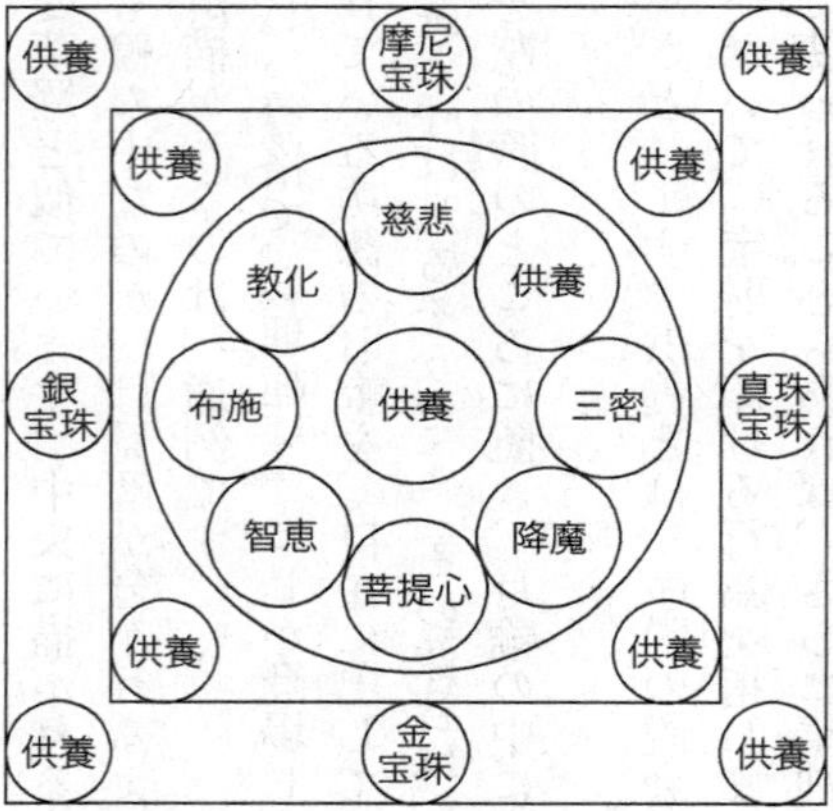

上段：尊格配置、下段：構造図

四種類の供養は、内院（第二重）の四隅に描かれる金剛嬉戯菩薩・金剛鬘菩薩・金剛歌菩薩・金剛舞菩薩の悟りの境地とされます。供養が主題の第九段の曼荼羅ならではの解釈です。

八大菩薩は、金剛手菩薩・文殊師利菩薩・虚空蔵菩薩・転法輪菩薩・観自在菩薩・虚空庫菩薩・金剛拳菩薩・摧魔菩薩ですから、第八段と同じです。

目につく違いは、第三重の四つの門に、銀・金・摩尼宝珠《まにほうじゅ》・真珠が描かれる点です。このうち、摩尼宝珠は、どんな願いもかなえてくれるという宝石です。金と銀、そして真珠とともに、お宝中のお宝として、経典によく登場します。もっとも、現実にあるものかどうかは、わかりません。

他の段の曼荼羅では門衛の役割をになうところに、宝物が描かれる理由は、供養には高価な物品の贈与が欠かせないという認識があったためと思われます。

第十段の曼荼羅

第十段の曼荼羅は、内院と外院の二重構造という点では、他の段の曼荼羅と同じですが、内院（第一重）に描かれる尊格に大きな違いがあります。中尊の摧一切魔菩薩をのぞけば、四方に描かれる尊格は、魔王天主（第六天の魔王）・摩醯首羅《まけいしゅら》（シヴァ神）・梵天（ブラフマン）・那羅延天《ならえんてん》（ヴィシュヌ神）というぐあいに、すべてヒンドゥー教を代表する神々なのです。

『理趣経』が成立した時代のインドでは、仏教とヒンドゥー教は、敵対する関係、もしくは競合する関係にあったので、中尊は敵に囲まれていることになります。『理趣釈経』によれば、これらヒンドゥー教の神々は、「世間出世間の魔縁」であり、密教（仏教）からすれば、「外道《げどう》」にほかなりませんから、「降伏」の対象です。つまり、物質界ならびに精神界における悪神たちであり、制圧されるべき者たちにほかなりません。

第十段は、伝統的に「忿怒の法門」と呼ばれてきました。理由は、慈悲にもとづく怒りの力によって、仏教に敵対するヒンドゥー教の神々を制圧することを目的としているからです。内院の四隅に、通常ならば四人の供養菩薩が描かれるはずなのに、金剛牙《げ》印《いん》・宝牙印・蓮華牙印・羯摩牙印という、特殊な図像が描かれるのも、「忿怒の法門」ならではのことです。

ちなみに、「牙印」とは、読んで字のごとく、牙の形をあらわす印契です。図像

第十段

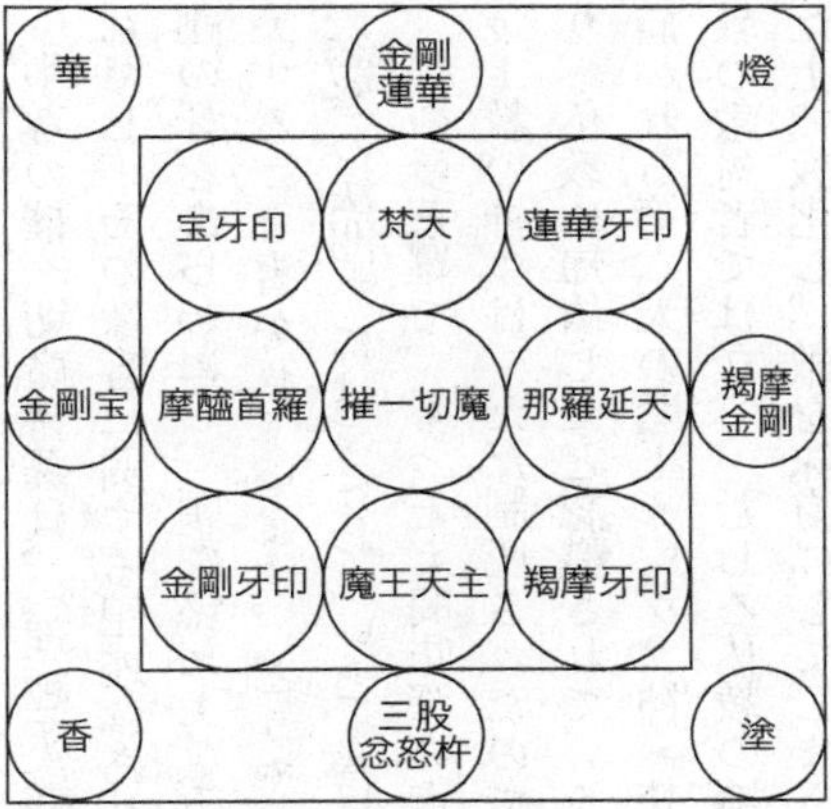

第十段

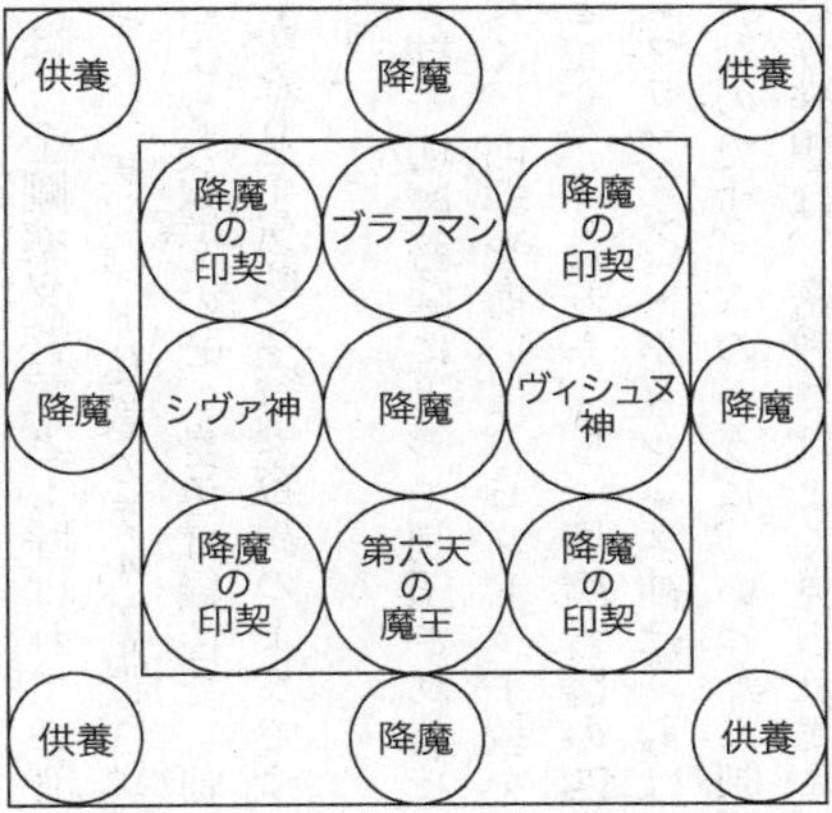

上段：尊格配置、下段：構造図

としては、台座にのせられた二本の牙で表現される場合が多いようです。また、東門に描かれる三股忿怒杵とは、両端の鈷《こ》（爪状の部分）が、通常は内側に向くのに対し、外側に反り返る形の三股杵だそうです。

中尊の摧一切魔菩薩は、『理趣釈経』では、金剛薬叉菩薩《こんごうやくしゃ》とも呼ばれています。ただし、その像容に関する記述はありません。チベット仏教のデルゲ版には、「金剛の牙をあらわにし、頭に燃え上がる炎のような鬘《かつら》をのせ、身色は緑色で、呵々《かか》大笑する」と書かれています。どうやら、かなり不気味な容姿容貌のようですが、「忿怒の法門」にはふさわしいとも言えます。

この曼荼羅で、もっとも興味深い点は、摧一切魔菩薩によって制圧されたヒンドゥー教の神々は、ただ制圧されたのではなく、前非を悔いて、ヒンドゥー教を見限り、仏教に帰依したと認識されていることです。すなわち、摧一切魔菩薩の四方に描かれる第六天の魔王・シヴァ神・梵天（ブラフマン）・ヴィシュヌ神は、もはや仏教の敵対者ではなく、むしろ仏教の擁護者なのです。このように、いったん制圧した上で教化し、敵を味方にしてしまうという発想は、密教にはよく見られます。

第十一段の曼荼羅

第十一段の曼荼羅は、三重構造です。ただし、第一重だけが輪形で他の重は方形なのか、三重すべてが輪形なのか、見解は分かれます。

第一重に、中尊の金剛手菩薩を取り囲むように、八大菩薩が描かれるあたりは、これまでよく見てきた構図です。

最大の特徴は、第二重に「外道」とされるヒンドゥー教の神々がたくさん描かれ、さらに第三重に神々の妃が描かれる点です。『理趣釈経』には、胎蔵曼荼羅のいちばん外側に位置する外金剛部院《げこんごうぶいん》に配置されている外道の神々を描け、と説かれています。

この説明で、ヒンドゥー教の神々が描かれる理由はわかりますが、なぜ、妃たちまで描かれるのか、が問題です。その理由は、ヒンドゥー教では、配偶神といって、神々にも、人間と同じように、男女のペアが想定されているからです。仏教でも、八世紀以降に成立した後期密教では、男女の尊格が抱き合う姿が曼荼羅に描かれるようになりますが、『理趣経』の段階ではまだそこまでいきませんでした。

第二重の神々の中には、馴染みのない面々もいますので、少し説明しておきます。

摧破天《ざいは》　像の頭をもつ魔神で、聖天の仲間です。東方の虚空中にいて、修行を邪魔するとされます。修行を邪魔するということでは、飲食天《おんじき》・衣服天《えぶく》も同じです。

童子天　シヴァ神の子息とされ、別名を鳩摩羅天《くまら》ともいいます。

飲食天　像の頭をもつ魔神で、これも聖天の仲間です。南方の虚空中にいるとされます。

火曜天　その名のとおり、火星の神です。別名を氷誐羅天《ひょうぎゃら》といいます。一説には、鬼子母神《きしもじん》の愛児ともいわれます。

衣服天　像の頭をもつ魔神で、これも聖天の仲間です。西方の虚空中にいるとされます。

猪頭天《ちょとうてん》　猪の頭をもつ不浄の神とされます。

このように、曼荼羅に「外道」とされるヒンドゥー教の神々がたくさん描かれる理由を、『理趣釈経』は、ヒンドゥー教の神々が象徴するさまざまな迷いに染まらないためだ、と解説しています。

第十一段の曼荼羅をめぐっては、古来、いろいろな説があり、方位も、神々も、

第十一段

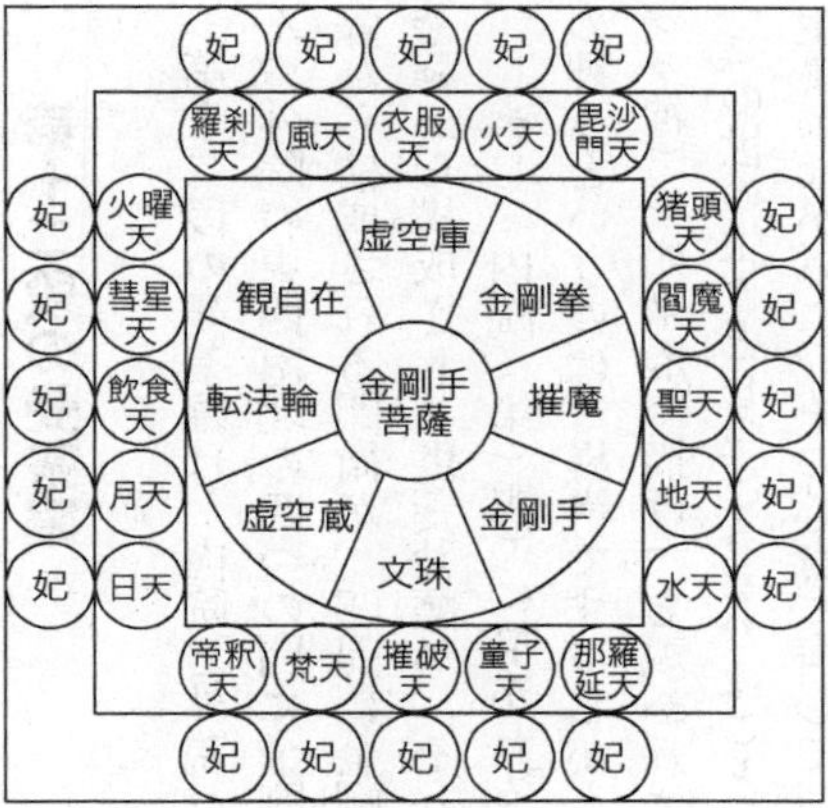

第十一段

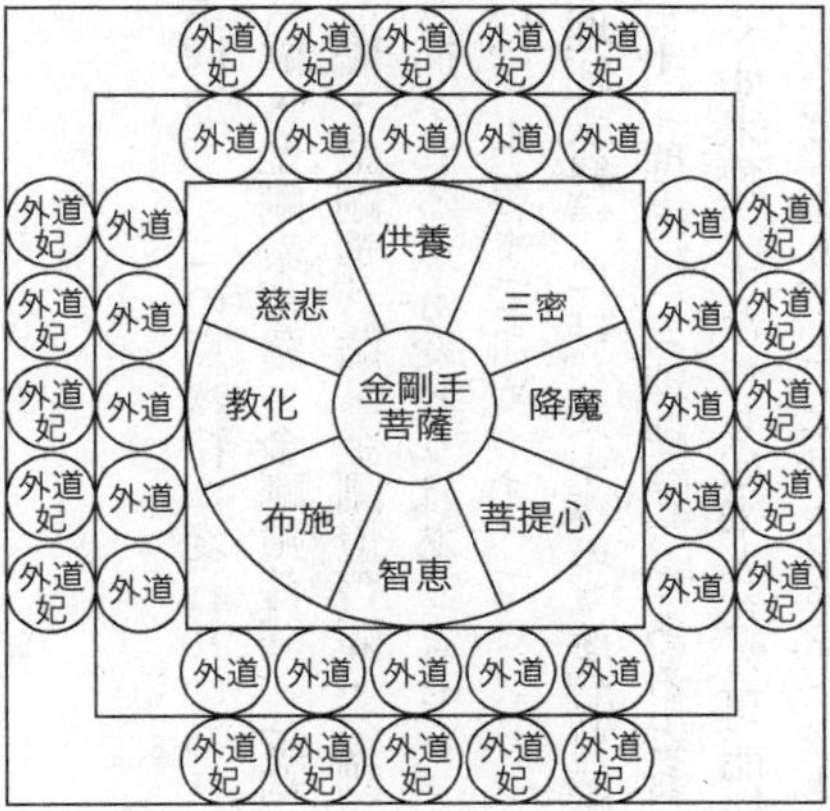

上段：尊格配置、下段：構造図

統一されていません。現時点では、決定版といえるものはないようです。

第十二段の曼荼羅

第十二段の曼荼羅は、内院と外院の二重構造で、この点は特に変わりはありません。外院の東西南北の四つの門に金剛鉤菩薩・金剛索菩薩・金剛鎖菩薩・金剛鈴菩薩から構成される門衛が、四隅に金剛香菩薩・金剛華菩薩・金剛燈菩薩・金剛塗香菩薩から構成される供養菩薩が、それぞれ描かれる点も変わりはありません。

しかし、内院（第一重）に描かれる尊格が、中尊まで含め、すべてヒンドゥー教の神々というのは、異様です。しかも、『理趣釈経』には、「（中尊の）摩醯首羅（シヴァ神）を如来形で描け」と説かれています。理由は、『理趣経』にあるとおり、「この世の生きとし生けるものはことごとく如来蔵、すなわち如来となる可能性を、生まれながらに、その心身に宿している」からであり、この点ではヒンドゥー教の神々も同じだから、です。

第十段の曼荼羅から、ヒンドゥー教の神々が描かれるようになってきましたが、

第十二段

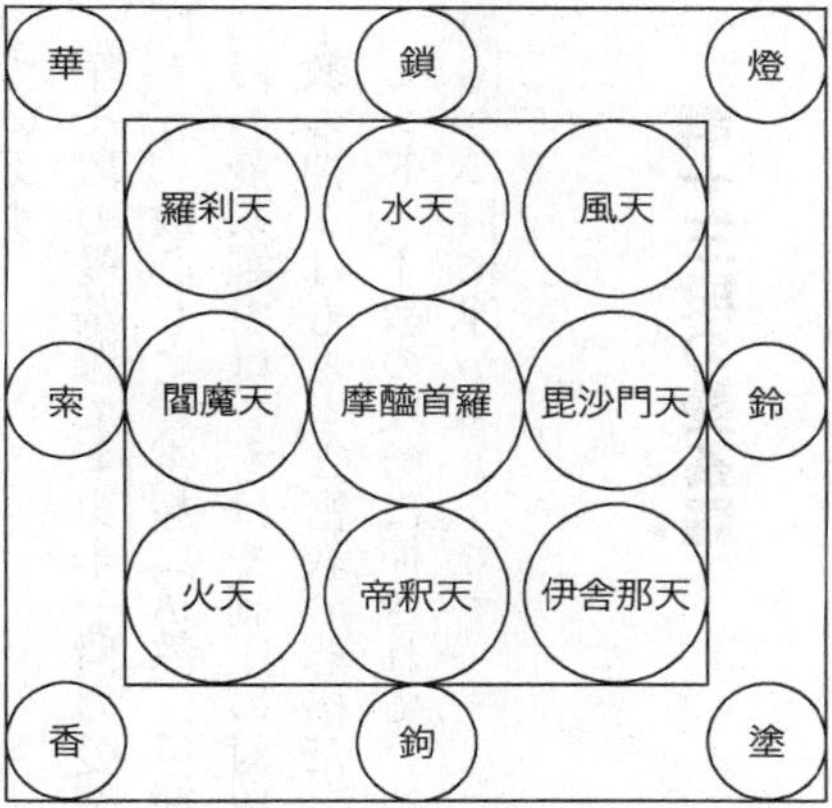

第十二段

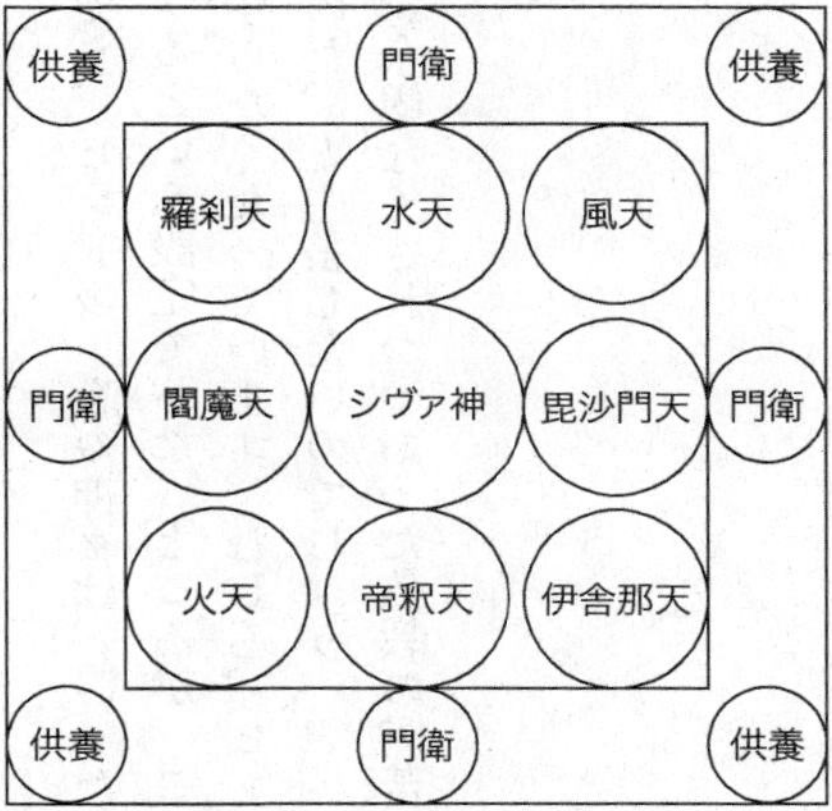

上段：尊格配置、下段：構造図

第十二段にいたって、中尊までヒンドゥー教の神という設定は、『理趣経』が成立したころのインド仏教界で、ヒンドゥー教対策がいかに重要だったか、如実に物語っています。

第十段の曼荼羅でも第十一段の曼荼羅でも、ヒンドゥー教の神々は、いったん制圧され、改心して、密教（仏教）に帰依するという設定でした。ところが、この十二段の曼荼羅では、もはや制圧の対象ですらなくなっています。むしろ、ヒンドゥー教の神々はもともと密教の尊格だったのだ、と主張したいのでしょう。ヒンドゥー教の攻勢に押されて、劣勢を余儀なくされつつあった仏教の、苦心惨《さん》憺《たん》ぶりが目に浮かぶようです。

第十三段の曼荼羅

第十三段の曼荼羅は、第十二段の曼荼羅を、さらに単純化して、極端な方向に振った感じのする構造です。

中尊は大黒天です。大黒天は、サンスクリットでは「マハーカーラ」といいます

第十三段

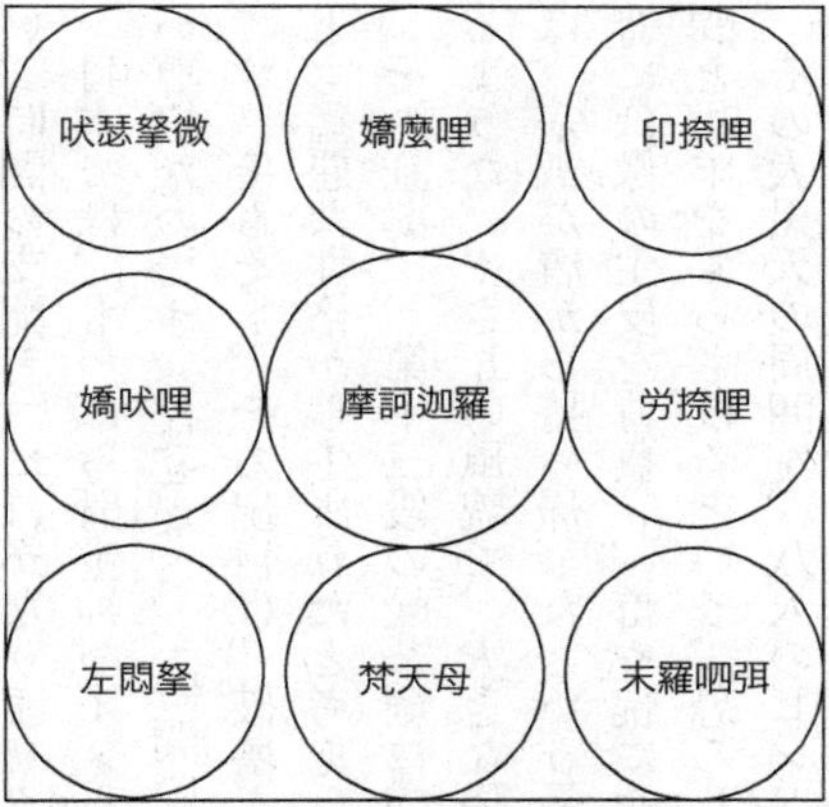

第十三段

上段：尊格配置、下段：構造図

が、「マハー」は「偉大な」という意味であり、「カーラ」には「黒い」という意味と「時間」という意味があります。したがって、マハーカーラとは「偉大なる、黒い、時間の支配者」にほかなりません。

日本では、もっぱら財宝神のイメージが濃いのですが、じつはひじょうに恐ろしい尊格なのです。なぜなら、「時間の支配者」は「生と死の支配者」でもあるからです。そもそも、その出自は、破壊をつかさどるシヴァ神であり、しかもそのもっとも猛悪な性格から生まれたと考えられています。

その証拠に、第十三段の曼荼羅に描かれる大黒天は、日本の大黒天によく見られるような、やさしい風貌で、大きな袋をかつぐという像容ではありません。たとえば、宗叡が唐から持ち帰ったという曼荼羅には、三面六臂で、怒りの形相凄《すさ》まじく、背には像の生皮を背負い、首や腕に蛇を巻き付かせ、剣を膝の上に横たえ、手に人間と牝羊をぶらさげるという、恐ろしい姿で描かれています。

その大黒天の周囲を、八人のヒンドゥー教の女神たちが取り囲んでいます。八人という数は、「七母天《しちもてん》」と梵天母を合わせた数です。

この場合、「母」は「女神」を意味します。したがって、「七母天」とは、「七人の女神」を意味します。

より具体的には、シヴァ神の妻（妃）のラウドリー・ヴァラーハの妻のヴァーラーヒー・閻魔（ヤマ）天の妻のチャームンダー・毘沙門天（クベーラ）の妻のカウヴェリー・ヴィシュヌ神の妻のヴァイシュナヴィー・クマーラの妻のカウマリー・帝釈天（インドラ）の妻のアインドリーです。なお、ヴァラーハとはヴィシュヌ神の化身の一つで、野猪の頭を持つ神です。

この七人の女神に、梵天の妻のブラフマーニーを加え、総勢八人の女神たちが、統率者とされる大黒天を取り囲んでいます。ちなみに、日本の胎蔵曼荼羅では、女神たちの統率者は、大黒天ではなく、閻魔天になっています。

大黒天も閻魔天も、ひじょうに恐ろしい神ですから、それを取り囲む女神たちも、性格が優しいはずはありません。みなそろって、「女鬼」のたぐいであり、猛悪とされます。

女神たちの名は、多くの場合、夫とされる男性神の名に由来しています。ですから、男性神から派生したかのように思われがちですが、実際には大地の女神に対する信仰、すなわち「地母神」信仰から生まれたと考えられています。

ヒンドゥー教では、「七母天」あるいは「八母天」というように、独立した集団として扱われることが多く、この点も「地母神」信仰から生まれた可能性を示唆しています。おそらくは、ひじょうに古くから、ひょっとしたらヒンドゥー教が勃興《ぼっこう》する以前から、信仰されてきた「地母神」たちが、ヒンドゥー教の勃興とともに、代表的な男性神に、その妻として、あてがわれたのだと思われます。

いずれにしても、この第十三段の曼荼羅は、ヒンドゥー教の女神信仰を、密教がとりこんだことを物語ります。第十二段の曼荼羅で男性神をとりこんだから、今度は女性神もとりこむ、という発想かもしれません。そこまでしないと、ヒンドゥー教の攻勢をしのげなかったのでしょう。

第十四段の曼荼羅

第十四段の曼荼羅について、『理趣釈経』には「曼荼羅は弓のような形で、そこに三人の神々を描け」としか説かれていません。

三人の神々といえば、ヒンドゥー教の三大神と決まっていますから、梵天（ブラフマン）・シヴァ神・ヴィシュヌ神です。これら三人の神々を、半円形の中に描いた図像が、第十四段の曼荼羅です。ご覧のとおり、とても簡単な構図です。

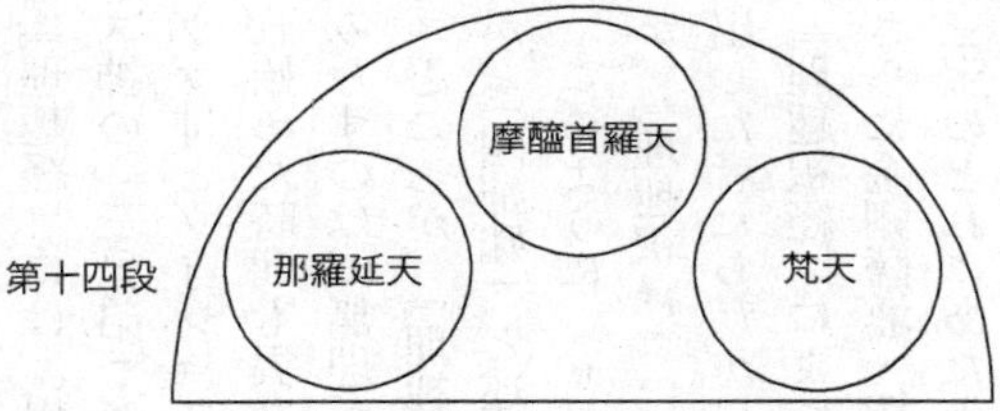

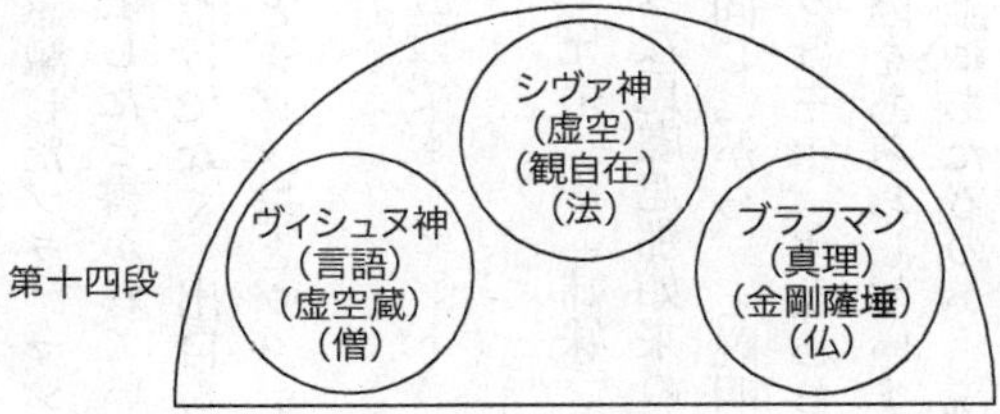

上段:尊格配置、下段:構造図

『理趣経』には、毘盧遮那如来の説教に感激したブラフマンとシヴァ神とヴィシュヌ神の「三兄弟」が、密教（仏教）に帰依したと書かれています。ブラフマンとシヴァ神とヴィシュヌ神は、性格が異なるだけでなく、出自も異なり、さらに崇拝され始めた時期も異なるので、ブラフマンとシヴァ神とヴィシュヌ神を「三兄弟」とみなすのは、無理があります。

ところが、『理趣経』では、次の第十五段でも、ヒンドゥー教の四人の女神たちが、「四姉妹」と述べられています。

このように、ヒンドゥー教の神々を、「兄弟」や「姉妹」として扱うのは、なぜか。『理趣釈経』は、これらの神々は、みな毘盧遮那如来の心である菩提心から流出した者たちだから、つまり生みの親は同じだから、と説明しています。

『理趣釈経』によれば、これら三人の神々は三宝、すなわち仏・法・僧をあらわし、さらに金剛薩埵・観自在菩薩・虚空蔵菩薩をあらわしています。ただし、どの神が三宝のどれにあたるのか、三人の菩薩の誰にあたるのか、説かれていません。

曼荼羅は、いわゆる三尊形式に似ています。もし、三尊形式だとすると、中央の尊格が本尊に当たるので、もっとも格が高いことになります。

しかし、『理趣釈経』には、三人の神々を順序に従って描けと書かれているだけで、具体的な配置については書かれていません。日本に伝来する曼荼羅の場合、中央に、宗叡版ではヴィシュヌ神、補陀落院《ふだらくいん》版ではシヴァ神が、それぞれ描かれています。提示した曼荼羅では、シヴァ神が中央に描かれていますが、これはあくまで暫定的な措置にすぎません。

私見では、シヴァ神が中央に描かれる可能性のほうが高そうです。なぜなら、最近の研究によると、『理趣経』はシヴァ神信仰と密接な関係にあった事実が指摘されているからです（種村隆元「主要文献『理趣経』」『空海とインド中期密教』春秋社所収）。

第十五段の曼荼羅

第十五段の曼荼羅は、ジャヤー（惹耶《じゃや》）・ヴィジャヤー（微惹耶《びじゃや》）・アジター（阿爾多《あじた》）・アパラージター（阿波羅爾多《あはらじた》）と呼ばれるヒンドゥー教の女神が四方に、それぞれ描かれます。『理趣経』には、これら四人の女神は姉妹と書かれています。そして、『理趣経』には登場しないツンブル神（都牟盧天《とむろ》）が、四姉妹の兄として、中央に描かれます。

ジャヤーとヴィジャヤーは日天の妃で、胎蔵曼荼羅の文殊院に描かれています。アジターはその名が「無勝」、つまり「誰も勝てない者」を意味し、胎蔵曼荼羅の文殊院に描かれること以外は、情報がありません。アパラージターはアパラージタ（無能勝明王《むのうしょうみょうおう》）の妃です。無能勝妃とも漢訳され、四人の中ではもっとも有名な女神です。この女神も、胎蔵曼荼羅の文殊院に描かれています。このように、四人の女神たちはみな胎蔵曼荼羅の文殊院に描かれています。

ツンブル神は、音楽をつかさどるガンダルヴァ（乾闥婆《けんだつば》）の別名とされてきました。その像容は、身体は黒く、目を怒らし、上の歯で唇をかみしめ、右手に独股棒《とっこぼう》を持ち、左手を腰のところにあてて、人差し指と中指をのばしています。

このツンブル神も、胎蔵曼荼羅の文殊院に描かれています。したがって、第十五段の曼荼羅の、ツンブル神を中央に、その四方を四人の女神が取り囲むという構図は、整合性があります。

なお、第十四段の曼荼羅で、『理趣経』はシヴァ神信仰と密接な関係にあった事実が指摘されていると述べました。その証拠の一つが、この第十五段の曼荼羅です。なぜなら、『理趣経』と密接な関係にある『ヴァーマスロータス』というヒンド

第十五段

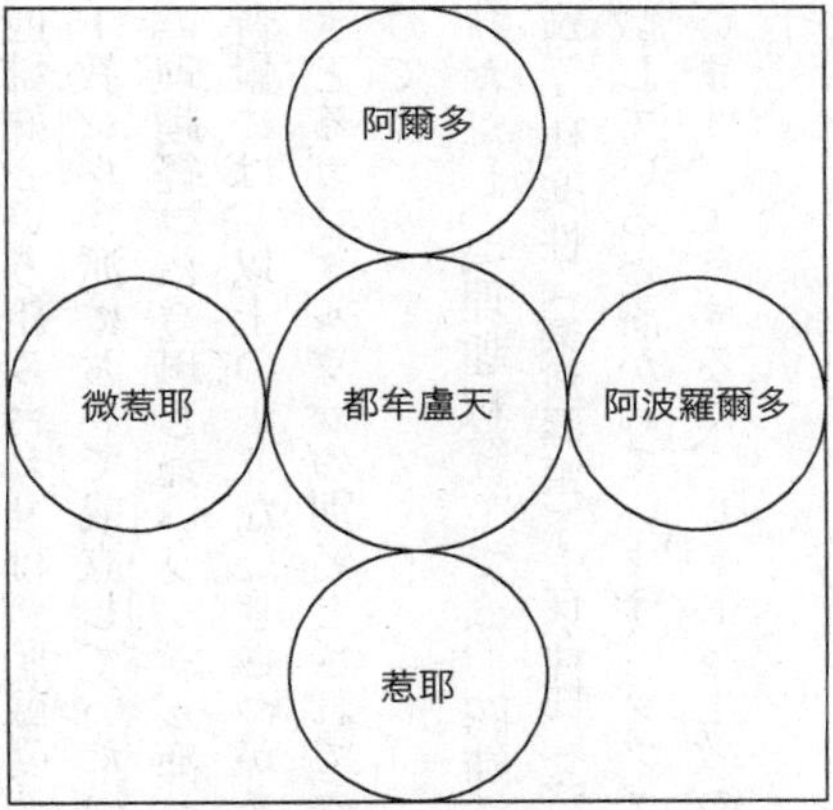

第十五段

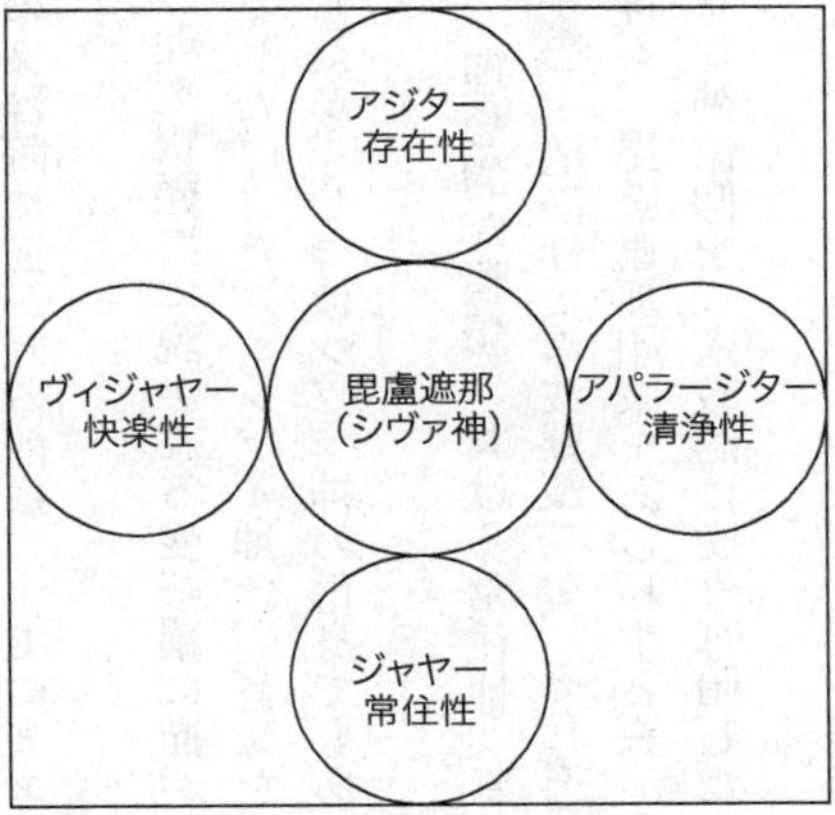

上段:尊格配置、下段:構造図

ゥー教シヴァ派の文献に、シヴァ神の化身の一つとされるツンブル神とその四姉妹に対する信仰と実践法が説かれているからです。ということは、ツンブル神とその四姉妹という組み合わせは、胎蔵曼荼羅の文殊院に描かれる前に、すでにヒンドゥー教シヴァ派において成立していたのです。

『理趣経』に登場しないツンブル神が、『理趣釈経』に説かれる曼荼羅に描かれる背景には、以上のようないきさつがありました。また、ツンブル神は、音楽をつかさどるガンダルヴァの別名とされてきましたが、じつはシヴァ神の化身でもあったのです。

ただし、『理趣釈経』では、四姉妹は、理想的な瞑想における常住性（常波羅蜜）・快楽性（楽波羅蜜）・存在性（我波羅蜜）・清浄性（浄波羅蜜）を、それぞれ象徴していると説かれています。ツンブル神も、毘盧遮那如来をあらわすと説かれています。ようするに、ヒンドゥー教のシヴァ神信仰を、密教的に換骨奪胎したのです。

第十六段の曼荼羅

第十六段の曼荼羅は、『理趣釈経』によれば、ひじょうに大規模かつ複雑です。その要旨は、以下のとおりです。

①金剛部の中に五部の曼荼羅を完備する。
②宝部の中に五部の曼荼羅を完備する。
③蓮華部の中に五部の曼荼羅を完備する。
④羯摩部の中に五部の曼荼羅を完備する。

また、『理趣釈経』には書かれていませんが、中央には金剛界曼荼羅が描かれます。

このように、全体では五部構成なので、「五部具会《ごぶぐえ》曼荼羅」とも呼ばれています。

そして、この曼荼羅は、『一切教集瑜伽《ゆが》経（金剛頂タントラ）』に説かれていて、不空の師だった金剛智《こんごうち》が金泥をつかって描かせたものが、唐の長安《ちょうあん》の大薦福寺《だいせんふくじ》にあったとも書かれています。この曼荼羅はあまりに大規模だったため、日本にはついに伝来しませんでした。一説には、宗叡が図像を持ち帰ったともいいますが、伝来せず、わずかに尊格の配置だけをしめした白描画のみ伝来しています。

残念ながら、金剛智が描かせた曼荼羅も、現存しません。しかし、『金剛頂タントラ』にもとづく曼荼羅は、チベットのシャル寺などに残っていますから、全体像は把握できます。それを見ると、中央に金剛界曼荼羅、東に降三世曼荼羅、南に一切義成就曼荼羅、西に遍調伏曼荼羅、北に羯摩部曼荼羅という構成になっています。

なにしろ、『理趣経』の第十六段は、ここまで説かれてきた教えの総決算という位置づけです。したがって、その曼荼羅もおのずから大規模かつ複雑にならざるをえません。曼荼羅としての完成度も、最高です。完璧と言って良いでしょう。

『理趣釈経』が、曼荼羅の要旨だけを述べるにとどまり、詳しい記述をしていない理由は、ここまで大規模かつ複雑になると、文字では語り尽くせないと、おそらく不空が判断したからだと思われます。そうなれば、空海が喝破したように、「密教の教えは深く神秘的なために、文字では伝えがたいのです。そこで図画をもちいて、理解できない人の眼を開く」しかないのです。

第十六段

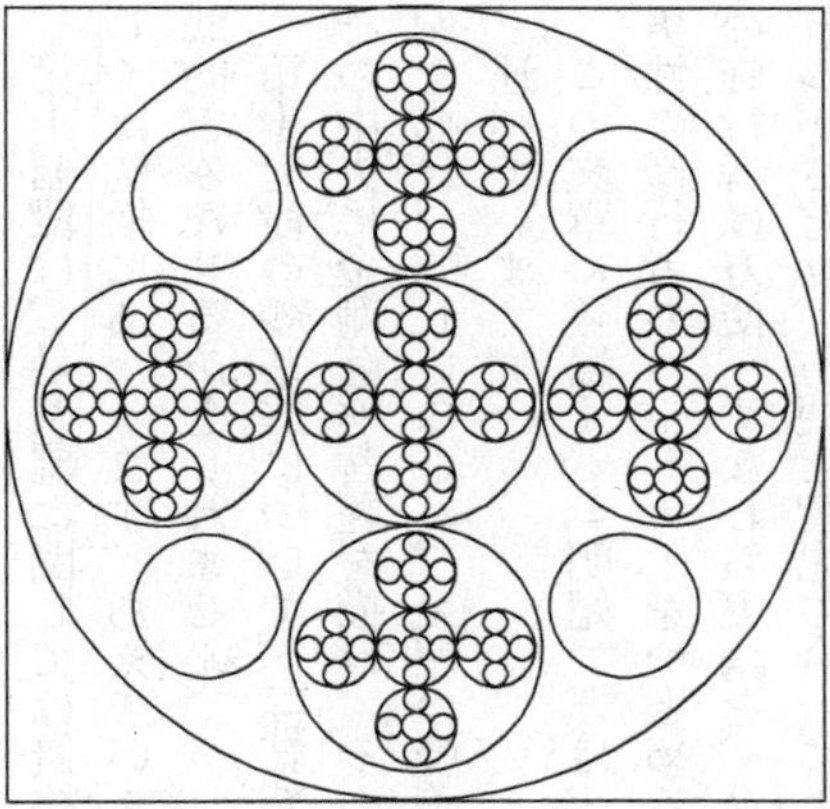

第十六段

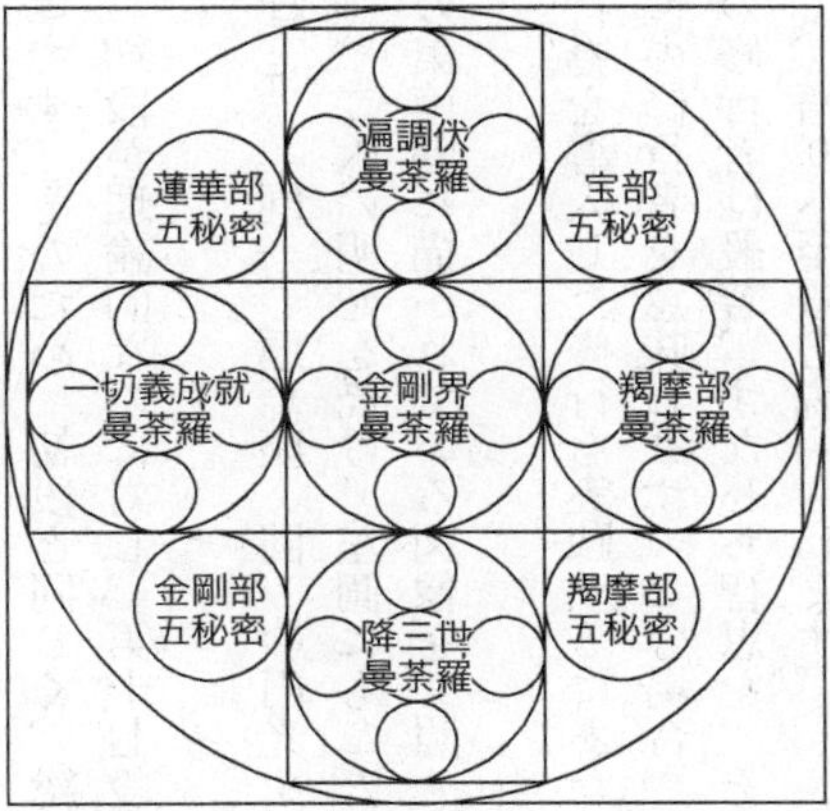

上段：尊格配置、下段：構造図

第十七段の曼荼羅

第十七段は、曼荼羅に関しては最終の章です。そのため、初段と同じく、総論もしくは総括にあたります。あえていえば、初段が理論的なのに対し、第十七段は実践的とみなせるかもしれません。

第十七段の曼荼羅について、『理趣釈経』は、「同一の蓮華座、同一の円光を描き、その中央に金剛薩埵菩薩を描け。その右側に二人の明妃《みょうひ》を描け。左側にも二人の明妃を描け。詳しいことは、金泥の曼荼羅の東南隅に描かれている図像を参照せよ」と述べています。

この文章に登場する「明妃」とは、性行為を導入した修行を実践するにあたり、男性の修行者のパートナーをつとめる女性の修行者を意味します。この場合、男性の修行者は方便、すなわち実践を、女性の修行者は般若、すなわち智恵を、それぞれつかさどり、方便と智恵の合一によって、悟りへ至ると説明されます。

四人の明妃の名については、『理趣釈経』は欲金剛明妃菩薩・金剛髻梨吉羅《けいりきら》明妃・愛金剛明妃・金剛慢明妃を列挙しています。このうち、金剛髻梨吉羅明妃は触

第十七段

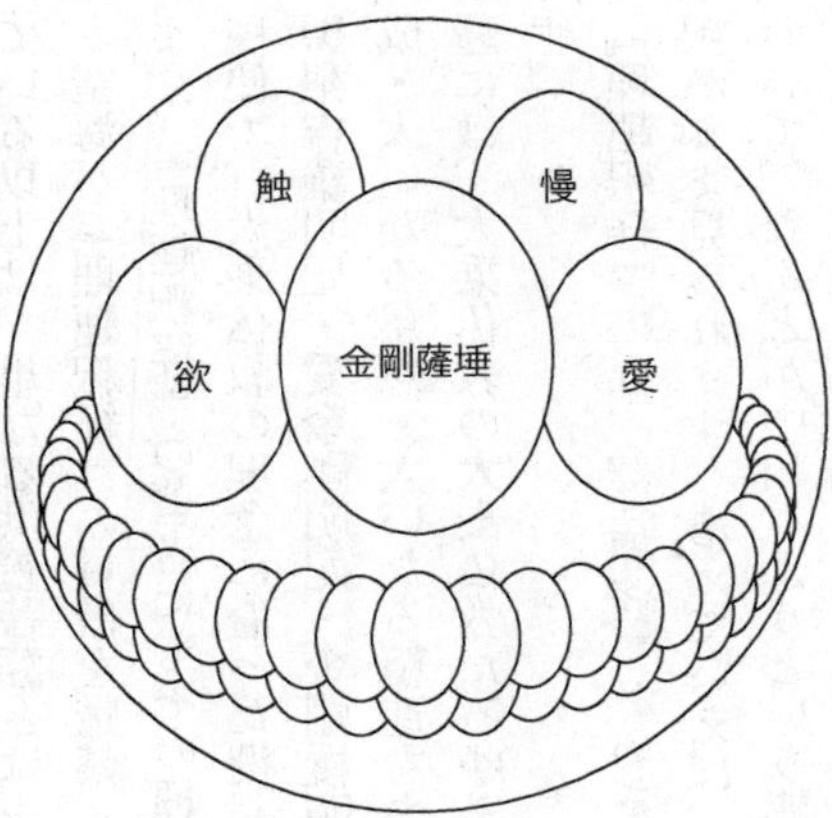

第十七段

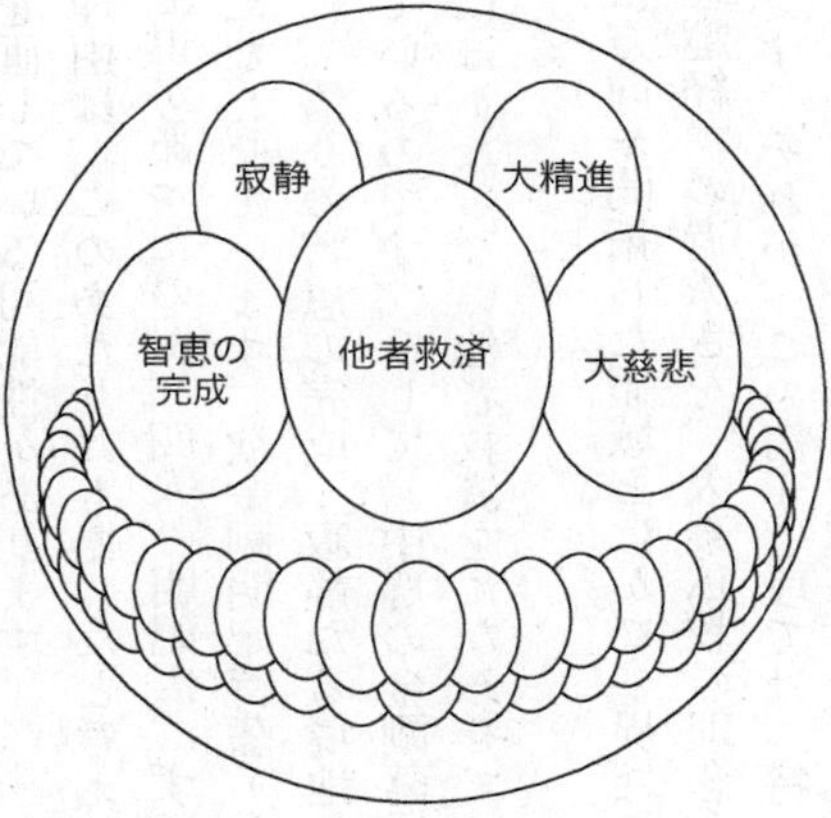

上段：尊格配置、下段：構造図

金剛菩薩のことです。したがって、これら四人の明妃は、これまで幾度も登場した四人の供養菩薩を指していることになります。ただし、わざわざ「明妃」と表現している以上は、単なる供養菩薩とは一線を画している可能性があります。

空海が『理趣釈経』の貸借を厳禁した理由は、このあたりにもあったと考えられます。『理趣釈経』の著者にもその種の危惧があったのか、四人の明妃に、ずっと穏便で、大乗仏教の理念に沿った役割をになわせています。欲金剛明妃菩薩・金剛髻梨吉羅明妃・愛金剛明妃・金剛慢明妃に、悟りの智恵の完成・寂静たる境地の達成・大いなる慈悲・大いなる精進をあてているのです。そして、中尊の金剛薩埵菩薩には、大乗仏教の大乗仏教たるゆえんにほかならない他者救済をになわせています。

『理趣釈経』には、『理趣経』がめざした方向や開拓した領域とはかなり異なる解釈がまま見られます。あえていえば、『理趣経』の過激さを、大乗仏教の理念をもちいて、なんとか中和しようという態度です。それが、この第十七段では、特に強く感じられます。

ちなみに、このような中尊＋四人の明妃という組み合わせは、「五秘密」と呼ばれます。この文章に登場する「金泥の曼荼羅」は、第十六段で言及した大薦福寺の曼荼羅を指しているはずです。そして、「曼荼羅の東南隅に描かれている図像を参照せよ」というのですから、大薦福寺の曼荼羅の東南隅に、この図像の原型が描かれていたのです。とすると、大薦福寺の曼荼羅の西南隅・西北隅・東北隅にも、同様の図像が描かれていたはずです。

金剛薩埵菩薩を中尊とする五秘密は、金剛部に属します。部は、中央に描かれるはずの仏部（如来部）のほかに、金剛部・蓮華部・宝部・羯摩部が設定されています。ですから、大薦福寺の曼荼羅は、東南隅・西南隅・西北隅・東北隅に、おのおの金剛部五秘密・蓮華部五秘密・宝部五秘密・羯摩部五秘密が描かれていたのです。

主な参考文献

松長有慶『理趣経講讃』大法輪閣
松長有慶『理趣経』中公文庫BIBLIO
栂尾祥雲『理趣経の研究』高野山大学出版部
福田亮成『理趣経入門』真言宗智山派
八田幸雄『秘密経典　理趣経』平河出版社
金岡秀友『さとりの秘密　理趣経』筑摩書房
宮坂宥勝『密教経典　大日経・理趣経・大日経疏・理趣釈』講談社学術文庫
高橋尚夫・野口圭也・大塚伸夫編『空海とインド中期密教』春秋社
田中公明『性と死の密教』春秋社
田中公明『インドにおける曼荼羅の成立と発展』春秋社
正木晃『増補　性と呪殺の密教』ちくま学芸文庫

本書は、二〇一一年九月にPHP研究所から刊行された『読んで深まる、書いて堪能する「般若理趣経」』の文庫化です。文庫化にあたり加筆・修正し、また「理趣経の曼荼羅」を増補いたしました。

図版作成　村松明夫

現代《げんだい》語訳《ごやく》　理《り》趣《しゅ》経《きょう》

正木《まさき》晃《あきら》

平成31年 3月25日　初版発行
令和7年 5月30日　21版発行

発行者●山下直久

発行●株式会社KADOKAWA
〒102-8177　東京都千代田区富士見2-13-3
電話　0570-002-301(ナビダイヤル)

角川文庫 21531

印刷所●株式会社KADOKAWA
製本所●株式会社KADOKAWA

表紙画●和田三造

●お問い合わせ
https://www.kadokawa.co.jp/ (「お問い合わせ」へお進みください)
※内容によっては、お答えできない場合があります。
※サポートは日本国内のみとさせていただきます。
※Japanese text only

ISBN 978-4-04-400464-4　C0115

角川文庫発刊に際して

角　川　源　義

第二次世界大戦の敗北は、軍事力の敗北であった以上に、私たちの若い文化力の敗退であった。私たちの文化が戦争に対して如何に無力であり、単なるあだ花に過ぎなかったかを、私たちは身を以て体験し痛感した。西洋近代文化の摂取にとって、明治以後八十年の歳月は決して短かすぎたとは言えない。にもかかわらず、近代文化の伝統を確立し、自由な批判と柔軟な良識に富む文化層として自らを形成することに私たちは失敗して来た。そしてこれは、各層への文化の普及滲透を任務とする出版人の責任でもあった。

一九四五年以来、私たちは再び振出しに戻り、第一歩から踏み出すことを余儀なくされた。これは大きな不幸ではあるが、反面、これまでの混沌・未熟・歪曲の中にあった我が国の文化に秩序と確たる基礎を齎らすためには絶好の機会でもある。角川書店は、このような祖国の文化的危機にあたり、微力をも顧みず再建の礎石たるべき抱負と決意とをもって出発したが、ここに創立以来の念願を果すべく角川文庫を発刊する。これまで刊行されたあらゆる全集叢書文庫類の長所と短所とを検討し、古今東西の不朽の典籍を、良心的編集のもとに、廉価に、そして書架にふさわしい美本として、多くのひとびとに提供しようとする。しかし私たちは徒らに百科全書的な知識のジレッタントを作ることを目的とせず、あくまで祖国の文化に秩序と再建への道を示し、この文庫を角川書店の栄ある事業として、今後永久に継続発展せしめ、学芸と教養との殿堂として大成せんことを期したい。多くの読書子の愛情ある忠言と支持とによって、この希望と抱負とを完遂せしめられんことを願う。

一九四九年五月三日

角川ソフィア文庫ベストセラー

ビギナーズ 日本の思想
空海「性霊集」抄
空海
加藤精一＝訳

空海の人柄がにじみ出る詩や碑文、書簡などを弟子の真済がまとめた性霊集全112編のうち、30編を抄出。書き下し文と現代語訳、解説を加える。空海の一人の僧としての矜持を理解するのに最適の書。

空海入門
加藤精一

革新的な思想で宗教界を導き、後に弘法大師と尊称された空海。その生涯と事績をたどり、『三教指帰』『弁顕密二教論』『秘蔵宝鑰』をはじめとする著作を紹介。何者にも引きずられない、人間空海の魅力に迫る！

愛欲の精神史1
性愛のインド
山折哲雄

ヒンドゥー教由来の生命観による強力な性愛・エロスの世界。ガンディーの「非暴力」思想の背後にある「性ののり越え」の聖性と魔性など、インドという土壌での禁欲と神秘、「エロスの抑圧と昇華」を描く。

愛欲の精神史2
密教的エロス
山折哲雄

両界曼荼羅と空海の即身成仏にみる密教的エロス、これに通底する『源氏物語』の「色好み」にみられる「空無化する性」。女人往生を説く法華経信仰と「変成男子」という変性のエロチシズムについて探る。

愛欲の精神史3
王朝のエロス
山折哲雄

「とはずがたり」の二条をめぐる五人の男との愛の呪縛と遍歴。これと対比される璋子の野性化する奔放な愛欲のかたち。愛執の果ての女人出家、懺悔・滅罪について描く。王朝の性愛をめぐる増補新訂付き。

角川ソフィア文庫ベストセラー

角川ソフィア文庫ベストセラー

角川ソフィア文庫ベストセラー

仏教の思想 11
古仏のまねび〈道元〉
高崎直道
梅原猛

日本の仏教史上、稀にみる偉大な思想体系を残した禅僧、道元。その思想が余すところなく展開された正伝仏法の宝蔵『正法眼蔵』を、仏教思想全体の中で解明。大乗仏教思想の集大成者としての道元像を提示する。

仏教の思想 12
永遠のいのち〈日蓮〉
紀野一義
梅原猛

「古代仏教へ帰れ」と価値の復興をとなえた日蓮。永遠のいのちを説く「久遠実成」、宮沢賢治に数多の童話を書かせた「山川草木悉皆成仏」の思想など、日蓮の生命論と自然観が持つ現代的な意義を解き明かす。

無心ということ
鈴木大拙

無心こそ東洋精神文化の軸と捉える鈴木大拙が、仏教生活の体験を通して禅・浄土教・日本や中国の思想へと考察の輪を広げる。禅浄一致の思想を巧みに展開、宗教的考えの本質をあざやかに解き明かしていく。

新版 禅とは何か
鈴木大拙

宗教とは何か。仏教とは何か。そして禅とは何か。自身の経験を通して読者を禅に向き合わせながら、この究極の問いを解きほぐす名著。初心者、修行者を問わず、人々を本格的な禅の世界へと誘う最良の入門書。

日本的霊性 完全版
鈴木大拙

精神の根底には霊性（宗教意識）がある――。念仏や禅の本質を生活と結びつけ、法然、親鸞、そして鎌倉時代の禅宗に、真に日本人らしい宗教的な本質を見出す。日本人がもつべき心の支柱を熱く記した代表作。

角川ソフィア文庫ベストセラー

選択本願念仏集
法然の教え

訳・解説／阿満利麿

仏法末世が信じられた鎌倉初期、念仏だけを称えれば救われると説いた法然。従来の仏教的価値観を根本的に覆した思想の真髄を、平易な訳と原文で紹介。強靱な求道精神の魅力に迫る浄土宗・浄土真宗の基礎文献。

法然を読む
「選択本願念仏集」講義

阿満利麿

法然が膨大な行の体系の中から選び取った「南無阿弥陀仏」の一行は、不条理や不安が生み出す絶望から人々を自由にする唯一の言葉だった。主著『選択本願念仏集』をテキストとして、その信念と意義を読み解く。

坐禅ひとすじ
永平寺の礎をつくった禅僧たち

角田泰隆

坐禅の姿は、さとりの姿である。道元、懐奘（えじょう）、義介――。永平寺の禅が確立するまでの歴史をわかりやすく綴りながら、師弟間で交わされる問答を通して、受け継がれてきた道元禅の真髄を描き出す。

自分をみつめる禅問答

南直哉

「死とはなにか」「生きることに意味はあるのか」――。生について、誰もがぶつかる根源的な問いに、「禅問答」のスタイルで回答。不安定で生きづらい時代に、仏教の本質を知り、人間の真理に迫る画期的な書。

いきなりはじめる仏教入門

内田樹
釈徹宗

仏教について何も知らない哲学者が、いきなり仏教に入門!?「悟りとは何か」「死は苦しみか」などの根源的なテーマについて、思想と身体性を武器に、自らの常識感覚で挑む！　知的でユニークな仏教入門。

角川ソフィア文庫ベストセラー

全品現代語訳　法華経
訳・解説／大角　修

「妙法蓮華経」八巻に「無量義経」「観普賢菩薩行法経」を加えた全十巻三十二品。漢訳経典のもつ霊的なイメージを重視し、長大な法華経を最後まで読み通せるよう現代語訳。小事典やコラムも充実した決定版。

ブッダ伝
生涯と思想
中村　元

煩悩を滅する道をみずから歩み、人々に教え諭したブッダ。出家、悟り、初の説法など生涯の画期となった出来事をたどり、人はいかに生きるべきかを深い慈悲とともに説いたブッダの心を、忠実、平易に伝える。

仏教語源散策
編著／中村　元

上品・下品、卍字、供養、卒都婆、舎利、荼毘などの仏教語から、我慢、人間、馬鹿、利益、出世など意外な日常語まで。生活や思考、感情の深層に語源から分け入ることで、豊かな仏教的世界観が見えてくる。

仏教経典散策
編著／中村　元

仏教の膨大な経典を、どこからどう読めば、その本質を探りあてられるのか。17の主要経典を取り上げ、読み、味わい、人生に取り入れるためのエッセンスを解き明かす。第一人者らが誘う仏教世界への道案内。

続　仏教語源散策
編著／中村　元

愚痴、律儀、以心伝心——。身近な日本語であっても、仏典や教義にその語源を求めるとき、仏教語の大海へとたどりつく。大乗、真言、そして禅まで、身近なことばの奥深さに触れる仏教入門、好評続篇。